*Elisabeth Wellendorf*

Das Schöpferische als Überwindung der Resignation

*Elisabeth Wellendorf*

# Das Schöpferische als Überwindung der Resignation

*Alles kann zum Zeichen
von etwas Umfassenderen werden*

*Mit guten Wünschen,
Elisabeth
März 09*

**MAYER**

Elisabeth Wellendorf, geboren 1936 in Hamburg, Malerin und Psychotherapeutin, ist Gründerin und langjährige Leiterin des Ausbildungsinstituts für psychoanalytische Kunsttherapie in Hannover. Achtjährige Arbeit in der Psychiatrie sowie zwölfjährige Tätigkeit in der Kinderklinik der Medizinischen Hochschule Hannover im Transplantationsbereich.

1997 erschien von ihr im selben Verlag das bereits in dritter Auflage (2003) vorliegende Werk *Man kann alles auch anders sehen − Schicksalsgeschichten* und 1999 das Buch *Es gibt keinen Weg, es sei denn, Du gehst ihn. Abenteuer des Werdens − Bedeutung der Kreativität.*

Heute arbeitet Elisabeth Wellendorf auf psychoanalytischem und kunsttherapeutischem Gebiet in freier Praxis.

**Bibliographische Information Der Deutschen Bibliothek**
Die Deutsche Bibliothek verzeichnet diese Publikation in der Deutschen Nationalbibliografie; detaillierte bibliografische Daten sind im Internet über http://dnb.ddb.de abrufbar.
ISBN 3-932386-70-1

© 2003 Verlag Johannes M. Mayer & Co. GmbH,
Stuttgart • Berlin
Umschlag: Lothar Reher, Berlin
nach einer Vorlage der Verfasserin
Satz: Ralf Geiger, Alexander Krauth, Stuttgart • Bühl
Druck: Gulde Druck GmbH, Tübingen

*Inhaltsverzeichnis*

*Unbewußte Kommunikation
als heilsames Beziehungsgeschehen* 7

*Das Schöpferische als Überwindung
der Resignation* 30

*Kinder und Tod* 50

*Briefe an »meine« Kinder* 67
An Ole – An Jaqueline – An Kira – An Christine –
An Sophie

*Trilogie* 86
»... und konnten zusammen nicht kommen ...«
Die russische Puppe
Im Auge des Himmels

*Alles kann zum Zeichen von etwas
Umfassenderen werden* 97

*Das Geheimnis der Ordnung* 108

*Gewalt in der Medizin* 120

*Persönlichkeitsveränderungen bei
Organtransplantation 143*

*Für eine Kultur der Barmherzigkeit 156*

*Ausblick in die Zukunft 181*

## *Unbewußte Kommunikation als heilsames Beziehungsgeschehen*

Ich habe mich manchmal in meinen Therapien gefragt: Was wirkt eigentlich? Sicherlich läßt sich das nicht eindeutig beantworten. Manchmal war es vielleicht das richtige Material im rechten Augenblick, manchmal vielleicht ein plötzlicher Durchblick durch den Dschungel der Gefühle und Ereignisse im Leben eines Patienten – oder die passende Deutung, ein Lächeln oder anderes. Der Untergrund des Geschehens aber war immer *Beziehung*.

Vor vielen Jahren hatte ich den fünfjährigen Sohn eines Mathematikers in Therapie. Er war ein kluges kleines Kerlchen, spindeldürr, blaß, mit einer dicken Brille über seinen hellen Augen, die nicht nach außen zu schauen schienen. Er hat sich nie in meinem Zimmer umgeschaut, hat das Spielzeug, die Bücher, den Ton, die Malsachen nicht wahrgenommen. Auf schnellstem Wege kletterte er immer auf einen Stuhl, setzte sich mit einem Kugelschreiber an den Tisch und rechnete die ganze Stunde auf größtem Zeichenpapier.

Ehrlich gestanden war er mir nicht sympathisch. Während ich ihm zuschaute, fühlte ich mich manchmal wie ein kleines Mädchen und spürte Bedürfnisse, ihn zu ärgern. Das war genau das, was ihm immer im Kindergarten oder auf der Straße passierte.

Natürlich war ich erschrocken, wenn ich solche Gefühle in mir entdeckte, und mir wurde klar, daß, wenn sich nicht etwas in der Beziehung zu ihm änderte, er über Jahre zu mir kommen könnte, ohne daß sich etwas anderes entwickeln würde.

Er rechnete die ganze Stunde mit einer steilen Falte auf seiner blassen Stirn, faltete dann das Blatt zusammen und übergab es seinem Vater, wenn dieser ihn abholte. Ich war für ihn offenbar nicht vorhanden. Ich freute mich nicht, wenn er kam. Ich wurde müde in seiner Stunde, und das machte mir ein schlechtes Gewissen. Nicht, als hätte ich nicht schon viele Stunden mit sehr schwierigen Patienten verbracht, aber mir war nie langweilig gewesen. Was machte es mir so schwer, Zugang zu diesem Kind zu finden?

Eines Tages, als er sich wieder an den Tisch begeben hatte und rechnete, ging ich mit meinen Blicken auf seinem Kopf spazieren. Seine dünnen hellen Haare waren kurz geschnitten und streng zurück gekämmt, aber da gab es eine Bewegung, eine Linie zwischen seinem Ohr und seinem Hals, die war so rührend, da war auf einmal das Kind da, das er doch war und das ich offenbar immer übersehen hatte. Da schaute er zum ersten Mal auf von seinen Rechnereien und sah mich mit seinen durch die dicken Brillengläser vergrößerten Kinderaugen an. Ich war ganz fassungslos, daß ich das übersehen hatte. Dann rechnete er weiter, und ich sah Aufgabe für Aufgabe zu und wunderte mich über ihn.

Als ich ihm am Ende der Stunde sagte, daß ich in vierzehn Tagen drei Wochen Urlaub machen würde, weinte er und fragte: »Warum?« Das erschütterte mich. Er hatte offenbar schon viel eher eine Beziehung zu mir aufgebaut.

Ich glaube, daß wir uns alle zutiefst wünschen, wahrgenommen zu werden, wie wir sind, wohlwollend, neugierig, ohne Abwertungen oder Desinteresse. Wir brauchen den inneren Beziehungsraum, der sich zwischen zwei Menschen weitet, in dem wir uns erfahren können, weil wir Resonanz finden, oder weil er wie eine Bühne wird, auf der sich unser gemeinsames Lebensspiel entwickeln kann.

Ich habe nach einem Bild gesucht für die »Nichtbeziehung«, die wochenlang zwischen uns stand. Es kam mir vor wie ein Tunnel, durch den der kleine Kerl von der Tür bis zum Tisch ging. Ich war draußen. Aber ich war überzeugt gewesen, er habe ihn allein gebaut und habe mich ausgeschlossen. Ich glaube jedoch, ich baute ihn mit und ließ ihn darin sitzen. Bewußt wollte ich das natürlich nicht, aber unbewußt muß es etwas gegeben haben, was diesen kleinen »Streber« – als der er mir erschien – isolierte. Erst in dem

Augenblick, als ich das Kind entdeckte, war der Tunnel aufgerissen und stand nie mehr zwischen uns. Er hatte ihn zu seinem Schutz gegen mein abwertendes Bild von ihm als »Streber« errichtet, aber er war sofort bereit, ihn zu öffnen, als ich es tat.

Aber ich habe mich auch gefragt: »Wie hat er es überhaupt wahrnehmen können, was sich in mir verändert hatte?« Er war wie immer in seine Aufgaben, die er sich stellte, versunken. Ich hatte keinen Ton von mir gegeben, hatte auch keine Bewegung gemacht. Er schaute mich in demselben Augenblick an, in dem ich ihn als Kind entdeckte. Es gibt offenbar eine unbewußte Kommunikation, eine unbewußte Beziehung, die wirkt.

Beziehung drückt sich in sehr unterschiedlicher Weise aus und findet auf sehr verschiedenen Ebenen statt.

Vielleicht sollte man sich diese Ebenen einmal genau anschauen. Wenn ich in einem Geschäft einkaufe, gibt es eine Beziehung zwischen der Verkäuferin und mir, eine funktionale. Von ihr bekomme ich die Ware und sie von mir das Geld. Wir haben eine Art Tauschhandelsbeziehung miteinander. – Gibt es das in der Therapie auch?

Das ist mir erst bewußt geworden, seit ich nicht mehr mit einer anonymen Kasse abrechne, sondern meine Patienten mir das Geld nach jeder Stunde in die Hand geben. Wenn ich es auf ein

Konto überweisen ließe, bliebe ein Stück der Anonymität erhalten, aber so wird deutlich, daß wir voneinander leben: die Patienten von dem, was sie sich von mir holen, und ich von ihrem Geld. Das schafft ein Stück gegenseitiger Unabhängigkeit: Beide haben gemeinsam genommen und gegeben. Das Thema »Geld« ist in diesem Zusammenhang ein interessantes Thema, aber ich will es hier nur andeuten.

Es gibt auch noch eine andere Art von Beziehung: Ein leidender Mensch kommt zu einem anderen, der vielleicht die Mittel zu Verfügung hat, ihn von seinem Leiden zu erlösen.

Was ist das für eine Beziehung? Im ersten Augenblick sieht es so aus, als gäbe es ein Oben und ein Unten, oder einen ahnungslosen und einen wissenden Menschen, einen bedürftigen und einen, der viel zur Verfügung hat.

Aber was täte der Wissende oder Starke, wenn nicht seine Qualitäten von jemandem gesucht würden? Der leidende Mensch bringt sozusagen das Material mit, mit dem beide dann arbeiten werden, der Therapeut nutzt seine verschiedenen Fähigkeiten und Kenntnisse zur Bearbeitung des mitgebrachten Materials. Beide, Therapeut und Patient, stehen in bestimmten Bereichen in einer produktiven Abhängigkeitsbeziehung zueinander.

Der Einfallsreichtum, die Motivation, die Freude am Arbeiten und Entdecken von Zusammenhängen, die Hoffnung auf Veränderung, die

Liebe zueinander und zum Leben wachsen mit der Resonanz des Gegenübers.

Ich möchte mich hier mit der Wirkung der unsichtbarsten Beziehung, der wechselseitigen *unbewußten* Beziehung zueinander beschäftigen, weil ich glaube, daß sie die Basis aller Beziehungsebenen ist und daß ohne sie keine tiefgreifende Veränderung möglich ist. Dazu sei zunächst wieder ein Beispiel angeführt:

In den Anfängen meiner therapeutischen Arbeit hatte ich mit autistischen Kindern zu tun. Einer von ihnen war ein siebenjähriger Junge. Wie alle autistischen Kinder hatte er eine Reihe Stereotypien entwickelt, unter denen seine Umgebung litt. So füllte er einen Gummistiefel mit Wasser, mit dem er dann durch die Räume ging und quietschende Geräusche produzierte, indem er mit dem nassen Zeigefinger an dessen Rand herumfuhr. Das konnte stundenlang so gehen. Wir alle waren genervt, fanden das quietschende Geräusch furchtbar, aber nichts konnte ihn davon abhalten. Sein Gesicht war entspannt, solange er dieses Spiel trieb. Eines Tages setzte ich mich neben ihn und hörte ihm zu. Ich wollte herausfinden, was er daran schön fand. Nach etwa einer Stunde reichte er mir seinen Gummistiefel und wies mich wortlos in seine Kunst ein. Bebend stand er vor mir und beobachtete, wie ich mich zu dem Stiefel herunterbeugte, um den Ton besser zu hören. Ich begriff, daß er mir unerwartetes Vertrauen entgegenbrachte.

Da geschah etwas wie ein plötzlicher Wandel in meiner Wahrnehmung: Der Quietschton fing auch mich an zu begeistern. Ich spürte eine tiefe Freude in mir. Das Kind vor mir wurde ganz still. Nach einer Weile nahm er mir sanft den Gummistiefel ab, schüttete das Wasser ins Waschbecken und stellte den Stiefel in die Ecke. Er benutzte ihn nie wieder.

Zwischen dem sprachlosen Jungen und mir gab es eine wunderbare Erfahrung. Ich kann sie nicht erklären. Ich hatte etwas verstanden, wohl deshalb mußte er sie nicht wiederholen. Wir waren uns begegnet in der Begeisterung um etwas, das dieser zuvor ekelhaft quietschende Ton ausgelöst hatte.

Kann man das einfach nachmachen? Ich versuchte es in entsprechenden Situationen, aber es klappte nicht.

Vielleicht ist es ähnlich wie mit der Liebe, man kann sie nicht einfach herstellen. Vielleicht kann man die Voraussetzungen schaffen, wie Offenheit, Wohlwollen, Ausrichtung auf den anderen Menschen, aber ob sie sich dann einstellt, das ist noch von ganz anderen Dingen abhängig. Es gehört wohl in den Bereich der Wunder.

Das mag merkwürdig erscheinen, abgehoben, spekulativ, als brauche man kein solides Handwerkszeug als Therapeutin. Wir brauchen es aber, und dazu gehört das Wissen um psychische Prozesse, die Auseinandersetzung mit Abwehrmechanismen, Projektionen, Delegationen, Entwicklungspsychologie, Krankheitsbildern, systemischen Zusammenhängen und der Umgang mit Traumen und Träumen.

In der Kunsttherapie brauchen wir das Wissen, das zum Umgang mit dem jeweiligen Material gehört. Ein weites Gebiet also, an dem es immer noch etwas Neues zu erarbeiten gibt.

Nur, auch wenn wir noch so versiert sind in all diesen Bereichen, so ist das noch keine Garantie für tiefgehende Veränderung oder Genesung einer Person.

Ich glaube, daß es unter den unterschiedlichsten Krankheitsausformungen eine Art Grundübel gibt. Das hat etwas mit dem *Aus-dem-Kontakt-Fallen-mit-der-Schöpfung* – ich fasse das bewußt so weit – zu tun.

Jeder kennt das: Wenn zum Beispiel die Wohnung, die einem immer Sicherheit und Geborgenheit gegeben hat – oder der Garten, der nach anstrengender Arbeit Ruhe und Zufriedenheit zurückbrachte – das Auto, das Freude machte, auf das man stolz war – die Arbeit, die dem Leben Sinn gab, oder liebe Menschen angesichts einer großen Erschütterung oder Enttäuschung für einen die Bedeutung verlieren.

Der englische Pädiater Winnicott hat sehr aufmerksam beobachtet, daß der Teddy, die Puppe oder das Tuch dem Kleinkind, wenn die geliebte Mutter für kurze Zeit nicht da ist, Freude und Trost spenden und die Hoffnung auf ihr Wiederkommen wachhalten, daß sie aber vollkommen wertlos werden, wenn die Mutter lange abwesend ist, weil dann ihr inneres Bild, das an diese Objekte geknüpft ist, verblaßt und nicht wieder aufgefrischt werden kann.

Ein solches Aus-der-Beziehung-herauskatapultiert-Werden wird dann zu etwas ganz Grundsätzlichem: Die Welt wird grau und bedeutungslos und mit ihr der Mensch, der auf den Dialog mit ihr angewiesen ist.

Wenn solche Menschen sich zu einer Therapie entschließen, gehören auch die Therapeuten zu dieser grauen Masse. Was immer sie sagten und täten, es wäre bedeutungslos und deshalb erneut enttäuschend.

Ich muß an eine junge Frau denken, die pausenlos sprach, wenn sie zu mir kam. Ich durfte nichts sagen und nichts fragen. Sie redete ohne Punkt und Komma. Wenn ich dem Inhalt ihres Redens folgen wollte, wurde mir schwindelig. Wie sehr ich mich auch mühte, ich verstand sie nicht. Schließlich konzentrierte ich mich nur auf den Klang ihrer Stimme und ihren Rhythmus. Es kam mir das Bild, als baue sie mit jedem Wort Stein auf Stein eine große Mauer zwischen uns auf. Sie mußte sehr große Angst vor Kontakt haben. Wie ich später erfuhr, hatten ihre ehrgeizigen, sehr intellektuellen Eltern immer auf sie eingeredet, hatten alles verbessert, was sie sagte und hatten sie kaum zu Worte kommen lassen. Sie mußte mich nach dem Bild ihrer Eltern sehen und verteidigte mit ungeheurer Vehemenz ihr Terrain.

So mußte sie sich gegen alles, was von außen kam, wehren. Die Kraft, ihre eigenen Gedanken zu entwickeln, hatte sie noch nicht. Die Abwehr Fremden gegenüber ging so weit, daß sie nicht einmal mehr sinnvoll ein Buch lesen konnte. Sie las die Zeilen und Seiten von hinten, oder von unten nach oben. Das tat sie mit ungeheurer Schnelligkeit, was die Sinnlosigkeit des Inhalts maximierte. Es quälte sie, denn sie hatte eine tiefe Sehnsucht nach Sinn, aber es beruhigte und befriedigte sie zugleich, weil die Texte so absurd waren, daß sie für sie keine Gefahr mehr bedeuteten, wie zum Beispiel die absolut logischen Gedankengänge ihres Vaters, die ihre eigenen immer entwertet hatten.

Die Wortmauer zwischen uns wuchs und wurde immer dicker. Ich fühlte mich vollkommen herausgedrängt. Aber seit ich die Geschichte mit ihren Eltern kannte, konnte ich das verstehen und akzeptieren.

Nur ging es ihr damit nicht gut. Ihre Unruhe wuchs, und sie hatte Angst, verrückt zu werden, konnte aber keinerlei Intervention von meiner Seite ertragen. Schließlich geriet sie sogar in

Panik, wenn ich anders atmete. Ich hatte das Gefühl, alle meine Gedanken, Vorstellungen und Gefühle würden ausgelöscht. So etwas wie grauer Nebel erfüllte mich ganz. Aber eines Tages, während sie sprach, tauchte mitten aus dem Nebel ein absurdes Bild auf. Ich sah einen Schienenkreis vor mir, auf dem mit großer Geschwindigkeit ein karierter Filzpantoffel fuhr mit einer seltsamen Figur darin. Ich hatte Mühe, nicht zu lachen.

Als die Stunde beendet war, zeichnete ich wortlos dieses Bild mit Kohle auf ein Papier. Sie warf für den Bruchteil einer Sekunde den Blick darauf und sagte deutlich und ruhig: »Das bin ich in einem viel zu großen Pantoffel meines Vaters auf seiner Schiene.«

Wie war das Bild zu mir gelangt, und wie hatte sie es so schnell als ihr eigenes erkennen und akzeptieren können, wo sie sonst doch alles abwehrte? Welcher Teil von mir war so mit einer Schicht von ihr verbunden, daß er »herüberrutschen« konnte? Das Bild war wie ein Traumbild aus einer unbewußten Schicht und machte mir deutlich, daß es in der Tiefe eine Beziehung zwischen uns gab, die sie akzeptieren konnte, weil sie nicht manipulativ war.

Von da an wurde vieles anders. Sie sprach zwar noch immer pausenlos, aber die Mauer wurde durchlässiger. Sie akzeptierte zwar noch kein Wort von mir, aber ihre Bilder wanderten zu mir. Ich zeichnete sie, und sie autorisierte sie knapp als die ihren. In diesen Bildern erfuhr ich viel von ihr. Es war, als liehe sie sich meine Hand, um ihre innere Welt sichtbar zu machen.

Äußerlich verliefen die Stunden gleich: Sie kam schon sprechend herein, setzte sich in eine Matratzenecke und sprach und sprach. Ich versuchte nicht mehr, ihre Sätze zu verstehen, sondern geriet nach einer Weile in einen Zustand zwischen Wachen und Träumen. Zuerst stellte sich immer der Nebel ein, der alle Vorstellungsbilder schluckte. Längst nicht immer, aber manchmal tauchten die ungewöhnlichen Bilder aus dem Nebel auf: zum Beispiel eine Frau mit langen schwarzen Haaren, in denen lauter Hütten kleben, die sie hinter sich herziehen mußte.

Oder eine Säule, die immer höher wächst, so daß man den Menschen nicht mehr erkennen kann, der auf ihr steht, bis er in den Wolken verschwindet. Plötzlich wird die Säule instabil wie weichgekochte Makkaroni, kippt nach vorn und läßt den Menschen, der auf ihr steht, auf die Erde schlagen. Die Bilder, die mich erschrecken, vergingen erst, wenn ich sie zeichnete. Meine Patientin erschreckten sie nie. Sie verstand den Zusammenhang sofort. Zum ersten Bild sagte sie: »Sie schleppt die Last von Generationen.« Wie ich viel später erfuhr, tauchten Depressionen und Zwänge in den vergangenen Generationen der Vaterfamilie regelmäßig auf. Auch sie schleppte sie mit sich, sie wurden weitergegeben an sie, sie mußte es austragen.

In dem Säulenbild fiel ihr gleich das kleine Mädchen ein, das der Vater vorgeführt und in den Himmel gehoben hatte, weil es schon mit drei Jahren lesen konnte. Das Niederknallen auf den Boden hatte etwas mit dem Gefühl zu tun, fallengelassen zu werden, abzustürzen aus den Höhen der Bewunderung, sobald sie ihre eigenen kindlichen Phantasien zeigte.

Wenn ich die Bilder skizzierte, schaute sie diese immer nur kurz an, wie etwas längst Bekanntes, aber dann wurde sie für eine kurze Zeit ruhiger. Es war, als stünden wir für diese Zeit auf gemeinsamen Boden. Wenn sie dann ging, immer noch sprechend, blieb sie in der Tür stehen, schaute an mir vorbei in das Therapiezimmer, als müßte sie sich daran festhalten und sagte, eingepaßt in die anderen Sätze: »Hoffnung entsteht, mich zu finden.«

All das war nur der Anfang für einen weiteren schweren Weg ihrer Selbstfindung, der einige Jahre dauerte, denn die strengen, erbarmungslosen Instanzen nach dem Bild ihres Vaters in ihr hoben sie in höchste Höhe. So hatte sie riesige Erwartungen an sich, als sie schließlich anfing, ihre Bilder selber zu malen, und verwies sie in vollkommene Bedeutungslosigkeit, wenn sie das, was sie gemacht hatte, erbarmungslos entwertete. Die Mechanismen waren ihr klar. Sie durchschaute alles genau, aber die unbewußten Geister waren mächtig und überfielen sie immer wieder in neuer Verkleidung.

Ich glaube, sie wäre in die Psychose abgerutscht, wenn unsere Beziehung trotz aller Projektionen, zu denen sie sich gezwungen sah – ich wolle sie doch nur fremdbestimmen, hätte nur Interesse an ihr, weil sie ein seltener Fall sei usw. – sich nicht langsam zu einer vertrauensvollen Basis ausgebaut hätte. Nach Jahren erkannte sie ihre Projektionen immer schneller, und wenn sie von ihnen heimgesucht wurde, genügte es ihr, mich zu bitten, doch zu sagen, daß das nicht so sei, sondern daß es eine fremde Stimme in ihr sei, die sie quälen wolle.

Für einen jungen Menschen, der vom kleinsten Kindesalter an indoktriniert worden ist, war das ein großer Schritt des Vertrauens, denn ich hätte sie ja, genauso wie der Vater, einfach in *mein* Bild pressen können.

Mit dieser jungen Frau habe ich gelernt, welche Verantwortung bei mir als ihre Therapeutin lag. Wenn sie mich zu einem späteren Zeitpunkt unseres gemeinsamen Weges in ihrer Not dringend bat, ihr einen Ratschlag zu geben, gingen bei mir alle roten Lampen an, besonders, wenn mir sofort etwas einfiel. Sie mußte ganz allein herausfinden, was sie wollte. Das war streckenweise sehr qualvoll. Sie konnte stundenlang darum ringen, ob sie ihr Bild zerreißen sollte, weil es »unecht und fremd« sei. Ich glaube, ich konnte ganz gut spüren, was stimmte, und was nicht. Aber ich sagte es nicht, weil es viel wichtiger war, daß sie es selbst herausfand.

So zerriß sie manches Bild und war hinterher sehr traurig, aber erst, wenn es kaputt war, wußte sie, ob es gut gewesen war, oder nicht. Im Laufe der Zeit lernte sie, es besser zu beurteilen. Sie entwickelte etwas, was ihr Zeit gab und ihr half: Für jedes unsichere Bild machte sie eine Hülle, in der es bis zum nächsten Mal versteckt bleiben durfte. Erst dann entschied sie, ob es stimmte, oder nicht. Manche Bilder brauchten diese Prozedur mehrere Male. Gleichzeitig dazu entwickelte sie mehr Geduld mit sich selber. Wenn sie ging, sagte sie flehend zu sich und zu mir: »Ich darf mir doch Zeit nehmen, es ist doch meine Zeit und es ist nicht so schlimm, wenn ich sie für mich nehme?!«

Jahre später kamen immer einmal Anrufe von ihr aus dem Ausland, und sie stellte diese Frage, wenn sie in eine Krise geraten war. Wenn ich dann lachte, lachte sie auch und sagte: »Ich weiß es ja, aber manchmal brauche ich Sie als Gegenüber. Jetzt bin ich wieder überzeugt davon: Ich darf mir meine Zeit nehmen, mich zu finden.«

Die inneren Bilder, die wir in uns tragen, besonders aber die unbewußten, wie sie sich zum Beispiel im Traum manifestieren, bestimmen unser Erleben. Meistens sind sie uns nicht zugänglich, man kann sie oft nur an Stimmungsschwankungen oder an plötzlichem unangemessenen Verhalten erkennen. Weil wir normalerweise in unserem Alltag wenig aufmerksam sind, bleiben sie uns weitgehend verborgen.

In der Therapie geht es um die unbewußten Bilder des Patienten und die des Therapeuten. In der Bezogenheit beider Menschen aufeinander begegnen sich offenbar auch die Bilder, durchdringen einander und werden zu einer neuen inneren Wirklichkeit.

Der Psychoanalytiker *Furrer* hat in seinem Buch *Unbewußte Kommunikation* eine interessante Entdeckung beschrieben. Er kam eines Tages auf die Idee, eine Patientin, die viele Stunden geschwiegen hatte, zum Kritzeln zu ermuntern. Da sie sich nur traute, wenn er das gleiche tat, abgewandt von ihr, damit er ihr Bild nicht sehen konnte, machten beide zum Ende der Stunde eine verblüffende Erfahrung.

Obwohl *Furrer* nicht wußte, was seine schweigende Patientin beschäftigte, war das, was er kritzelte dem ihren auffällig ähnlich, als gäbe es eine strukturelle Grundbezogenheit aufeinander, die anzeigt, daß auch ohne Sprache unbewußte Kommunikation stattfindet.

*Furrer* hat das später in einer großen Reihe weiterer Versuche bestätigt gefunden, als eine Verifikation des Übertragungsgeschehens.

Wir wissen nicht, welche Wege die inneren Bilder eines anderen Menschen nehmen, um in unsere Wahrnehmung gelangen zu können. Vielleicht ist das auch nicht so wichtig, obwohl es mich reizen würde, diesen Weg zu ergründen.

Aber ich glaube, daß es sehr entscheidend ist, ob ich davon ausgehe, daß ein Austausch möglich ist oder nicht.

Wie oft stehen wir voreinander wie Fremde, und weil uns die Fremdheit beunruhigt, werten wir den Menschen ab, der dieses Gefühl in uns verursacht. Die Diagnosen, die wir stellen, verkaufen wir als unsere Arbeitsgrundlage: Wie könnten wir anders die Richtung der Therapie bestimmen? Aber sie eignen sich auch dazu, unser Gegenüber in Kästchen einzuordnen und unschädlich zu machen.

Ich erinnere mich noch genau an meine Arbeitszeit in der Psychiatrie. Wir waren angehalten, nicht auf die Wahnvorstellungen der Patienten einzugehen, denn sie sollten so schnell wie möglich wieder »normal« werden.

Daß sie in ihrer Unabgegrenztheit auch uns Behandlern neue Räume öffnen konnten, daran dachte keiner. Ich will den Wahn keineswegs verherrlichen. Er war oft genug qualvoll für unsere Patienten. Meistens allerdings nur dann, wenn wir sie damit allein ließen. Die eigentliche Kränkung schien das »Aus-dem-Bezug-Fallen« zu sein, wenn wir uns von ihnen abgrenzten. Das spürten sie viel intensiver als wir, weil ihre Ichgrenzen so ausgeweitet waren, daß sie unsere manchmal mit einschlossen.

Es gab Patienten, in deren Gegenwart ich mich weit und frei fühlte, und andere, mit denen ich durch die Hölle gehen mußte, wenn ich mit ihnen arbeiten wollte.

Wir hatten einen jungen Mann auf der Station, der schon mehrfach aus dem Fenster gesprungen war und sich dabei erheblich verletzt hatte. Es war zu vermuten, daß es ihm irgendwann gelingen würde, sich umzubringen. Über seine Beweggründe sprach er nicht. Eines Tages, als er bei mir malte, wurde er starr und fing an zu zittern. Auf mein Bitten hin erzählte er schließlich, daß ein Kopf mit einem entsetzlichen Gesicht sich immer mehr ausdehnen würde, bis er das ganze Zimmer einnähme. Er könne sich dann nur retten, indem er aus dem Fenster spränge. Mit Mühe gelang es mir, ihn zu bewegen, den Kopf zu malen. Auf dem Papier entstand unter seinen zitternden Händen der Kopf, den er sah. Ich spürte sein Grauen und konnte es auch in mir spüren. Mit dem Blatt in seiner Hand kauerten wir uns unter das offene Fenster. Als ich das Blatt genauer anschaute bemerkte ich, wie lächerlich das aufgedunsene Ballongesicht war. Ich machte ihn darauf aufmerksam. Er war entsetzt, als hätte ich eine furchtbare Häresie begangen, aber schließlich wurde auch er stutzig, und am Ende lachten wir beide und beschlossen, den Kopf mit einer Nadel zu zerstechen, damit er sich nicht wieder aufblähen könne. Der junge Mann sprang nie wieder aus dem Fenster, der böse Geist war offenbar nachhaltig bezwungen.

Ein Trick? Ich glaube nicht.

Ich hatte mit ihm sein Grauen geteilt, war genauso wie er auf das Gesicht hereingefallen, in Identifikation mit ihm, aber ich konnte aussteigen aus dieser Phantasie und umsteigen in die Wirklichkeit, wo dieses läppische Ballongesicht seine ängstigenden Aspekte verlor.

Hätten wir nicht zuvor schon eine Beziehung zueinander aufgebaut, hätte er mir nicht folgen können. Er vertraute mir, nur deshalb konnten wir gemeinsam das Angstgesicht platzen lassen.

Das Angstgesicht war natürlich nicht irgendwie erfunden, es war eine Zusammenballung ängstigender Erfahrungen, die er in seinem Leben gemacht hatte. Es hatte keine starke Gegenperson gegeben, die ihm zeigen konnte, wie man mit Bedrohungen umgeht. Seine Mutter litt selber unter Ängsten, und sein Vater hatte sich in den Alkohol geflüchtet. In regelmäßigen Abständen spitzte sich seine Angst so zu, daß sie sein Leben bedrohte. Ich glaube, sein zentrales Problem war, daß er zu wenig Schutz und Stütze erfahren hatte und daß seine Hoffnung auf ein schönes Leben nicht ausreichte.

Es konnte nur Veränderung geben, wenn er anfing, einem Menschen zu vertrauen. Das ging nur, wenn jemand bereit war, in seine Welt einzutreten und ihn aus ihr heraus zu begreifen.

Keine Medikamente oder sozialen Anpassungsübungen hatten das geschafft, denn er wußte ja noch gar nicht, wer er war und was er wollte, wonach er sich sehnte und was für Fähigkeiten in ihm schlummerten.

Manchmal habe ich das Gefühl, die unterschiedlichsten Krankheitsbilder sind wie Kostüme, die schon vorgeschneidert sind, die sich die verletzlichen Menschen umhängen, um hinter ihnen Schutz zu finden vor den rauhen Anforderungen, denen sie sich nicht gewachsen fühlen. Wenn wir sie damit einordnen, bleibt ihr einmaliges Menschsein verborgen, nicht nur uns, sondern auch ihnen selbst. Wir würden auf diese Weise nie erfahren, welchen ganz besonderen Beitrag jeder von ihnen für die Gemeinschaft leisten könnte, wenn sie sich trauten, hinter ihrer Verkleidung hervorzutreten. Dazu gehört viel Mut. Voraussetzung ist sicherlich die liebevolle Neugierde der Umgebung und die Hoffnung eines jeden Menschen, hinter den gewählten Verkleidungen eine Person zu finden, die in ihrer Art einmalig und kostbar ist.

Der kleine Benjamin hatte sich das Mäntelchen des Rechengenies umgehängt, als seine drei Jahre jüngere Schwester alles Entzücken der Eltern für sich in Anspruch nahm. Um nicht ganz seine Bedeutung zu verlieren, wählte er diese

Verkleidung, die zu seiner Begabung paßte. Das kleine ängstliche Ich dahinter schrumpfte immer mehr.

Sybilles Mäntelchen klingelte und schepperte ununterbrochen wie eine permanente Warnung, dem unsicheren, empfindsamen Wesen nur nicht zu nahe zu treten.

Das Mäntelchen von Manuel kam mir vor wie eine Litfaßsäule. Das, was außen draufgeklebt war, lenkte von dem verängstigten Ich ab, das kaum eine Lebensberechtigung zu haben schien.

Alle drei konnten sich nicht in den ganzen Möglichkeiten ihrer Person entfalten, das schien der Preis für ihr Überleben zu sein.

Was machen wir als Therapeuten, wenn wir solchen Menschen begegnen? Wir schließen von ihrem Äußeren auf ihr Inneres. Daran ist etwas, denn die Wahl ist ja nicht unabhängig von der Person, die sie trifft.

Und dann schaffen wir bestimmte Kategorien, ordnen sie zu: zwanghaft, schizophren, autistisch, borderline…

Das bringt für uns Therapeuten den Vorteil, daß sie vergleichbar werden: Schizophrene haben bestimmte Merkmale, Borderline-Patienten auch. Natürlich hat jede Krankheit bei jedem Menschen eine persönliche Ausformung, aber daß gewisses Verhalten sich wiederholt, schafft ein Stück Vertrautheit, nimmt uns die Angst vor dem Unerwarteten. Wir können von bestimmten

Vermutungen über Störungen in der Genese zu bestimmten Entwicklungszeitpunkten ausgehen, und wir haben Strategien, wie wir damit umgehen können, und Hoffnungen, in welche Richtung sich etwas entwickeln könnte.

Ich weiß, dies ist grob vereinfacht dargestellt, aber so wird mir klar, daß wir all das auch als Geländer in einer unwegsamen Seelenlandschaft oder im Nebel oder Dschungel der unterschiedlichsten Gefühle nutzen. Das ist verständlich, vielleicht auch manchmal sinnvoll, aber die Gefahr besteht, daß wir den kleinen geängstigten Menschen hinter all der Verkleidung übersehen, je mehr wir auf gesichertem Boden stehen. Im Extremfall haben wir eine Theorie, die leider den kleinen versteckten Menschen verschwinden läßt.

Ich glaube, es passiert keine Entwicklung, wenn wir nicht bereit sind, den schwankenden Boden des anderen zu betreten und uns zu ihm in Beziehung zu setzen – und wenn wir nicht neugierig sind auf seine Möglichkeiten.

»Das Ich ist der Reichtum inmitten von Armut. Es ist das Interesse, wenn alles um uns herum sich langweilt. Es ist die Hoffnung, auch wenn alle objektiven Chancen zu hoffen verschwunden sind. Aus ihm stammt die ganze Erfindungswelt der Menschen. Und schließlich ist es das, was uns übrigbleibt, wenn uns alles andere entzogen ist, wenn uns gar nichts mehr von außen zukommt und unsere Kräfte doch genügend groß sind, um diese Leere zu überwinden.«

(Jaques Lusseyran)

## *Das Schöpferische als Überwindung der Resignation*

Die Resignation scheint sich wie ein Krankheitskeim auszubreiten, sei es nun in der Politik, der Pädagogik, den Kirchen, in den Familien oder in den Herzen einzelner Menschen. Immer dann, wenn Situationen ausweglos scheinen, bereiten sie bei den meisten Betroffenen den Nährboden für die Resignation. Wenn die Hoffnung stirbt, sterben auch die Visionen und mit ihnen die Kraft zur Veränderung. Und doch lebt irgendwo in uns tief verborgen der Wunsch nach Veränderung und Entwicklung, die Sehnsucht nach dem Neuen, dem noch nicht Gewußten, vielleicht Geahntem, das unsere eng gewordenen Möglichkeiten wieder weitet.

Die Märchen sind voll von Bedrohung und Niederlagen und der Kraft der Einfältigen, derer, die reinen Herzens sind. Sie bestehen die unglaublichsten Herausforderungen, weil ihre Hoffnung sie wie ein helles Licht durch die Dunkelheit leitet. Das Schöpferische ist nicht nur das, was Menschen befähigt, Kunst zu machen, es ist eine Haltung der Offenheit und Neugier dem Leben gegenüber. Es ist die Bereitschaft, sich anrühren zu lassen, mitzuschwingen. Ein schöpferischer Mensch ist fähig, sich zu freuen, zu leiden, mitzuempfinden, aber auch neue Lösungen zu finden, indem er seine ganze Aufmerksamkeit auf die jeweilige Situation richtet und im inneren und äußeren Dialog mit ihr Neues entdeckt.

Denken wir an das Märchen *Frau Holle*. Als das von Stiefmutter und Stiefschwester gequälte und verachtete Mädchen in der Welt der Frau Holle ankommt, hört es die Stimme des Brotes aus dem Ofen: »Ach zieh mich raus, zieh mich raus, sonst verbrenne ich, ich bin schon längst ausgebacken.« Und feinsinnig heißt es dann im Märchen: »Da trat es fleißig herzu und holte es heraus.« Dann kommt es zu dem Baum, der voller Äpfel hängt, und fleht: »Ach schüttel mich, schüttel mich, wir Äpfel sind alle miteinander reif!« Und das Mädchen schüttelt den Baum, bis kein Apfel mehr oben ist. Es hört die Stimmen und läßt sich ansprechen. Es hilft, weil es im Kontakt ist, während die Schwester mit ihren verschlossenen Sinnen die Wirklichkeit ausblendet. Die Rufe dringen nicht an ihr Ohr, oder besser: schon an ihr Ohr, denn sie sagt ja zu dem Brot: »Da hätt ich Lust mich schmutzig zu machen« und geht weiter, und zu dem Apfelbaum sagt sie: »Du kommst mir recht, es könnte mir einer auf den Kopf fallen.«

Sie fragt sich: Was bringt es mir, wenn ich mich in dieser Welt engagiere? Sie kann sich Lohn nur in klingender Münze vorstellen. Und da keiner da ist, der sieht, was sie tut, lohnt es sich nicht. Sie kennt den anderen, immateriellen Lohn nicht, der darin besteht, daß ein Mensch sich als gut und hilfreich in seinen Möglichkeiten und in seinem Handeln erleben kann. Deshalb kann man das Gold, mit dem das gute Mädchen beim Durchgang durch die Pforte in die andere Welt überschüttet wird – sie wird sozusagen »vergoldet« – nicht nur als Lohn verstehen, der ihre gute Arbeit abgilt, sondern als etwas, das ihrem Wesen zugehörig ist.

Ein absichtslos hilfsbereiter, zuverlässiger Mensch, der von seinen Bedürfnissen absehen kann oder der seine Bedürfnisse in Einklang bringen kann mit den Anforderungen seiner Umgebung, *leuchtet,* von ihm geht etwas Helles, Warmes aus; er ist *kostbar.*

Ein Mensch, der die Welt nur auf seinen eigenen Vorteil hin abklopft und auf Hilferufe nicht reagiert, begegnet seiner dunklen Seite. Das Dunkle tritt wie das Pech nach außen, und niemand kann ihn davon befreien, solange er in dieser Haltung verharrt.

Normalerweise rechnen wir das »Schöpferische« den Menschen zu, aber es läßt sich überall finden, so in der Natur, die imstande ist, ihre Geschöpfe der jeweiligen Umwelt neu anzupassen. Wir kennen zahlreiche Beispiele dafür. Aber es gibt das Schöpferische auch im Universum, das überall den gleichen Gesetzen folgt. Trotzdem entwickelt sich ständig Neues: Neue Sterne werden geboren, alte sterben. In den Kernfusionen entstehen fundamental neue Möglichkeiten, ähnlich wie in der Verschmelzung menschlicher Ei- und Samenzelle. Da herrscht einerseits im Universum eine Tendenz, das thermodynamische Gleichgewicht im Status der Unveränderlichkeit zu erhalten, auf der anderen Seite gibt es eine Tendenz, die dieses Gleichgewicht immer wieder stört und gerade dadurch Neues entstehen läßt. Auch wir kennen die Sehnsucht danach, daß alles, was schön und gut ist, dauern möge – »Verweile doch, du bist so schön!« –, aber auch die Gegentendenz, die Kräfte nämlich, die uns aus dem Vertrauten aufbrechen lassen zu neuen Gefilden.

Das Schöpferische braucht einerseits eine vorgegebene Struktur und andererseits das unbestimmte *Dazwischen*. Nehmen wir ein Gedicht. Es besteht aus Worten und einer bestimmten Form. Man kann sie benennen, auszählen und analysieren, aber hat man damit das Gedicht erfaßt? Gerade im allzu festen Zugriff geht das klingende Dazwischen verloren, es entfaltet sich erst im schöpferischen Nachklang, es muß in jedem Menschen in der jeweiligen Situation neu entstehen, es läßt sich nicht ein für allemal festhalten.

Oder denken wir an die Liebe. Man versucht uns weiszumachen, daß sie von der Schönheit, der

Bedeutung, dem Wohlstand oder der Begabung eines Menschen abhängt. Aber das sind nur statische Gegebenheiten – wie die Worte und die Form des Gedichts. Entscheidend ist die schöpferische Beziehung der Menschen zueinander: die Bereitschaft und Fähigkeit, den anderen als immer neues Wesen entstehen zu lassen, ihn nicht festzulegen in einem inneren Bild, was schließlich, weil man es doch kennt, Langeweile und Überdruß auslöst. Damit ist der Boden für die Resignation gelegt. Wohl deshalb verbinden sich Frauen und Männer nach mißglückten Beziehungen in der Überzeugung: »Es ist doch immer wieder dasselbe: Nach der Phase der Verliebtheit kommt die Öde des Alltags.« Man wendet sich enttäuscht voneinander ab, ohne zu merken, daß die frühe Resignation der Grund für die sich wiederholende Erfahrung ist.

Die Welt ist so, wie wir sie betrachten, oder wie ein altes Sprichwort sagt: »Wie wir in den Wald hineinrufen, so schallt es wieder zurück.«

Es sei in diesem Zusammenhang eine der kostbaren Geschichten wiedergegeben, die ich im Laufe der Zeit geschenkt bekommen habe: Eines Tages, als Deutschland noch aus zwei getrennten Teilen bestand, begegnete ich bei einer Bahnfahrt nach Berlin einem Mann, der seinem Äußeren nach offensichtlich aus dem Osten stammte. Der Stoff seines braunen Anzugs war zerknittert wie sein Gesicht. Sein Hemd war eines jener gelblichweißen Perlonhemden, die man bei uns schon lange nicht mehr trug. Seine hellen leuchtend blauen Augen, mit denen er abwechselnd die Landschaft und mich anschaute, fielen mir als erstes auf. Wann er angefangen hat, mir seine Geschichte zu erzählen, weiß ich nicht mehr. Mir fiel nur auf, daß ich den scheußlichen Desinfektionsgeruch, der die Ostbahnen auszeichnete, nicht mehr gerochen habe, und daß mir leicht und froh war von seinem erzählten Leben, obwohl es, als ich es noch einmal vor meinem inneren Auge ablaufen ließ, voll von harten und traurigen Schicksalsschlägen war. Er war der einzige Sohn eines Müllers und hatte vom Vater die generationenalte Mühle geerbt. Er hatte jung geheiratet und war glücklich mit seiner Frau und seinen zwei kleinen Mädchen, als er als Soldat eingezogen wurde. Er überlebte Stalingrad, kam sieben Jahre in russische Gefangenschaft und kehrte schließlich im Güterwagen und nach einem 250 km langen Fußmarsch im Winter nach Hause zurück. Da seine Briefe nie angekommen waren, hatte man ihn für tot erklärt. Seine Frau hatte, um überleben zu können, seinen besten Freund geheiratet.

Eine wahrhaft tragische Geschichte!

Aber so hat er sie nicht erzählt, so habe ich sie auch nicht empfunden, als er sprach.

Als er von Stalingrad erzählte, war wichtiger als alles Elend und alle Angst, daß ein Kamerad ihm seine Mütze und seinen Schal gegeben hatte, bevor er starb. Er sagte das mit Tränen in den Augen und faßte wie ein Kind lächelnd an seine Ohren: »Die sind noch da«, sagte er.

Und als er in sibirischer Gefangenschaft war, erzählte er davon, daß er zu einer Gruppe Gefangener gehörte, die Bäume schlagen durften. Er sagte *durften,* nicht mußten; und der sibirische Nachthimmel und die klirrend kalte Luft schienen auch mir schön. Ich lachte mit, als er erzählte, wie sie sich aus Lappen, Stroh und Stricken Schuhe machten, und ich schmeckte das Brot und den Speck, den ein Bauer ihm gab, wenn er wegen guter Führung auch sonntags für ihn arbeiten durfte. Mir wurde warm, als er von den Hochöfen sprach, zu denen er abkommandiert worden war, zu seinem Glück, wie er sagte, wegen der Wärme. Andere waren in ihrer Schwäche wie Zinnsoldaten in die Flammen gekippt. Alles, was er sich erarbeitete, sparte er für seine Frau und seine kleinen Mädchen. Er hatte ein wunderbares Ziel vor Augen. Nach sieben Jahren war es endlich soweit. Er stockte in seiner Erzählung, und das Leuchten seiner Augen war einen Augenblick erloschen, als er erzählte, wie der Wirt in seinem kleinen Ort, der ihn als erster gesehen hatte, ihm ein Glas Schnaps spendierte, um ihm dann zu erzählen, daß seine Frau vor einem Jahr seinen Freund geheiratet hatte.

Aber dann fingen seine Augen von neuem an zu leuchten, denn er war aufgenommen worden von ihnen und hatte nun alles wieder, was er liebte, und konnte mit dem Freund zusammen in der enteigneten Mühle arbeiten.

Als ich diese Geschichte einer Freundin erzählte, sagte sie ärgerlich: »So ein Blödsinn. Das glaubst du doch wohl selber nicht!« Ich war betroffen über ihre Reaktion und wurde einen Augenblick unsicher, so, wie es mir beim Nachsinnen gegangen war. Dann aber sah ich wieder seine leuchtenden Augen vor mir, und ich wußte, daß das nicht die Abwehr einer unerträglichen Realität war. Offenbar gibt es in unserer Welt, auf der wir uns gemeinsam befinden, viele unterschiedliche Welten nebeneinander, manchmal wohl auch ineinander geschachtelt, weil jeder in seiner Welt lebt und sie mit seinem hoffnungsvollen oder ängstlichen, vertrauensvollen oder skeptischen, liebevollen oder enttäuschten Blick anschaut, und genau so blickt sie auf ihn zurück.

Dieser alte Müller, dessen Namen ich nicht kenne, hat inmitten von Grausamkeit und Zerstörung aus den Trümmern seines ehemals vorhersehbar geordneten Lebens ein Stück warme, leuchtende Welt geschaffen, die in ihrer Einfachheit so schön war, daß sie auch mich verzauberte.

Meine Freundin, die diese Erzählung so wütend gemacht hatte, weil sie das Gefühl hatte, der alte Müller habe die Schrecken von Stalingrad und Sibirien mit Zuckerguß überdeckt, und die überzeugt war, man müsse diese Scheußlichkeiten herausschreien, es solle kein Gras darüber wachsen, damit wir uns erinnern, hatte selbst als junges Mädchen die Greuel der Vertreibung aus ihrer Heimat erlebt. Ihr Vater war vor ihren Augen erschlagen, sie und ihre Schwestern waren vergewaltigt worden. Sie hatten nicht nur alles verloren, sie waren auch entwürdigt worden. Diese Schmach tauchte auch nach über einem halben Jahrhundert immer wieder in ihren Träumen auf.

Wenn meine Freundin ihre Geschichte erzählte, die sich inhaltlich, beziehungsweise von der Dramatik her, nicht so sehr von der des Müllers unterschied, hatte ich auch das Gefühl, sie habe recht mit all dem, was sie sagte und fühlte. Es war furchtbar und lebt als solches in ihr weiter. Sie ist eine hilfsbereite Frau und hat gute Hände für leidende Menschen. Aber immer wieder steigt aus ihr dieser anklagende Schrei. Sie kennt die Geschichte des Dritten Reichs und der Nachkriegszeit genau und liest alles, war ihr dazu in die Hände kommt. Und sie betrachtet nicht minder aufmerksam die Entwicklungen in unserer Zeit: die Mechanisierung unseres Denkens, die Utilitarisierung unseres Menschenbildes mit seinen Folgen in der Medizin, die ausbeuterische Haltung unserem Planeten und allem gegenüber, was auf ihm lebt. Sie betrachtet alles mit klaren Augen, mit hellem Verstand. Sie ist wie ein Rufer in der Wüste und versorgt die Menschen mit einer Menge von Informationen. Dafür bin ich dankbar. Aber zugleich spüre ich, daß es mir Kraft raubt, weil sie nicht mag, wenn ich scheinbar grundlos hoffnungsvoll bin. Die Gefahr ist, daß wir uns im wütenden Schulterschluß der Verzweifelten die Hoffnung ersticken.

Ich glaube, meine Freundin und der Müller haben eines gemeinsam: Sie sind beide auf der Suche und betreiben sie mit großer Aufmerksamkeit.

Meine Freundin paßt auf, wo Unrecht passiert, und zeigt mit dem Finger darauf. Der Müller sucht, wo in all dem Elend das Große und Helle zu finden ist. Beide machen Hoffnung: die eine, daß kein Leid ungesehen sein soll, der andere, daß es immer einen Weg aus dem Dunkel gibt. Wenn wir sie nicht als »entweder - oder« betrachten würden, sondern als »sowohl - als auch«, wäre das ein schöpferischer Zusammenschluß.

Ich habe zwölf Jahre in der Kinderklinik der Medizinischen Hochschule Hannover mit schwerkranken und sterbenden Kindern gearbeitet. Ab einem bestimmten Zeitpunkt waren sie mit ihrer zerstörten Lunge und ihrem überforderten Herzen in einem sich progressiv verschlechternden Zustand. Oft war ihre Hoffnung auf dem Nullpunkt, und ihre Lebensqualität schien von außen gesehen äußerst armselig.

Ich erinnere mich an die 19jährige Petra, die Tag und Nacht am Sauerstoffgerät hing und ihre

Nächte vornüber gebeugt, hockend im Bett verbrachte, weil sie um Luft rang. Als ich eines Tages in ihr Zimmer kam, fand ich sie verzweifelt in einem schlimmen Zustand vor. Sie konnte kaum sprechen, hielt nur meine Hand und ihre dunklen Augen funkelten mich an. Schließlich erfuhr ich, daß ein junger Arzt, der vor mir dagewesen war, sein Entrée folgendermaßen gestaltet hatte: »Da Ihr Leben ja so, wie es ist, keinerlei Qualität mehr vorweist, würde ich sagen, es wird Zeit, Sie auf die Transplantationsliste zu setzen.«

Seine Abwertung ihres Lebens hatte sie bis ins Mark getroffen. Er hatte das sicherlich nicht gewollt, aber sie war empört. Was konnte er davon wissen!? Jeder Uneingeweihte hätte dem jungen Arzt recht gegeben, sie war in einer erbärmlichen Situation; aber ich kannte sie länger und wußte, wie tief ihre Gedanken in unseren Gesprächen waren, die immer wieder von Hustenanfällen unterbrochen wurden. Ich fühlte mich bereichert durch unsere Gespräche, und sie freute sich, mir ihre Gedanken mitteilen zu können.

Nachmittags kam ihr Lehrer. Sie sprachen über mathematische und physikalische Fragen. Ihr Leben forderte sie zu äußerster Disziplin heraus, und sie war glücklich über jeden Augenblick, der ihr die Freiheit des Denkens und Diskutierens erlaubte. Im Bewußtsein ihres begrenzten Lebens ging sie äußerst achtsam mit ihrer Zeit um.

Vor einiger Zeit hörte ich ein Konzert von einer japanischen Solistin, die auf einem alten Instrument spielte, das nur zwei Saiten hatte. Der Klang war mir zunächst fremd, aber dann kam mir die unvertraute Musik durch die Hingabe der jungen Musikerin an ihr Instrument immer näher. Sie ließ mich in eine ganz neue Klangwelt eintauchen. Ich hatte nicht geahnt, daß es so etwas gibt. Natürlich hatte es nicht die Fülle einer Geige, eines Cellos oder einer Harfe. Aber es war nicht weniger, vielleicht war es sogar mehr in seiner schlichten Eindringlichkeit, aber das konnte man nur erleben, wenn man sich von Erwartungen polyphoner Vielfalt entbunden hatte. Da fiel mir Petra ein: Solange man den Maßstab der Gesunden an ihr Leben legte, schien ihr Leben nicht mehr lebenswert; aber wenn man es mit ihrem eigenen Maßstab maß, war genügend Lebenswertes und Kostbares an ihm. Das konnte allerdings nur wahrnehmen, wer ihr näherkommen konnte.

Wir alle sehnen uns nach einem erfüllten Leben, aber wie wenigen gelingt es! Wissen wir überhaupt, was ein »erfülltes« Leben ist?

In unserer Gesellschaft gelten Werte wie: jung, dynamisch, erfolgreich, durchsetzungsfähig, schön, innovativ. Wer viel zu tun hat, viel gefragt ist, scheint ein erfülltes Leben zu führen. Ist das so?

Und was ist, wenn Jugend, Schönheit, Dynamik vergehen, wie das ja so ist, muß dann der Erfolg wachsen, um das Verlorene auszugleichen?

Und was bleibt übrig, wenn letzterer ausbleibt? Wenn man vielleicht, wie heutzutage nicht selten, auch seinen Besitz noch verliert?

Wir setzen oft alles daran, das Alltags-Ich aufzublähen, das heißt all das, was wir verlieren werden, spätestens im Tod.

In den östlichen Philosophien und Religionen werden andere Wertmaßstäbe angelegt, die den unseren konträr sind.

Vor einigen Jahren kam eine japanische Krankenschwester in meine Malgruppe, eine kleine zierliche Frau. Zur Begrüßung legte sie ihre Hände vor die Brust und verneigte sich dreimal vor uns. Als sie nach ihrem Namen gefragt wurde, verneigte sie sich vor jedem Gruppenmitglied und wies mit geöffneten Händen auf sie. Sie wollte den anderen die Gelegenheit geben, zuerst ihren Namen zu nennen in ihre geöffneten Hände, die sie mit jedem Namen an ihre Brust legte und sich dankend verbeugte. Sie suchte sich nicht den besten Platz, sondern wartete freundlich, bis ihr einer zugewiesen wurde. Achtsam rollte sie ihre Pinsel und Tuschen aus, glättete ihr Reispapier und saß dann konzentriert, mit geschlossenen Augen da, bis alle anfingen zu malen.

Ihre ganze Person war Stille. Diese Stille verbreitete sich in der Gruppe. Als sie anfing, an ihrer Tuschezeichnung zu arbeiten, gab es kein Zögern, keine Unsicherheit. Sie setzte den Pinsel auf das Papier, der sich dann ganz von selbst zu bewegen schien, und beendete ihr Bild in sicherer Selbstverständlichkeit. Aber bevor sie begann, hatte sie eine Viertelstunde gebraucht, sorgsam ihre Tusche anzurühren.

Die anderen brauchten mit ihren unterschiedlichen Materialien viel mehr Platz und mußten entscheiden, ob sie mit Jackson- oder Pastellkreiden, mit Guaschfarben oder Aquarell, mit Kohle oder Bleistiften arbeiten wollten, und dann, wie sie anfangen sollten. Als die Malphase beendet war, schauten sie auf die anderen Bilder. Sie schauten auch auf das Bild der Japanerin und bewunderten es. Wieder verneigte sie sich freundlich, schaute aber nicht herum, sondern betrachtete die Bilder der anderen erst, als sie an der Pinnwand hingen. »Ein Bild«, sagte sie später, »ist wie ein Neugeborenes; man muß warten, bis die Mutter einem freundlich erlaubt, dieses Wunder zu betrachten.«

Mit der kleinen japanischen Krankenschwester wurde mir bewußt, wie übergriffig wir oft durch unsere Unachtsamkeit sind, und daß Achtsamkeit als Grundhaltung dem Leben gegenüber ein weitgehend ungeübter Bereich unserer Möglichkeiten ist.

In der berühmten Epossammlung der Hindus, der *Bhagavadgita,* stehen Lebensanweisungen wie: »Tu, was du willst, und wolle, was du sollst. Das Werk allein soll deine Sorge sein und nicht der Vorteil, der dir daraus entspringt.« Sie werden in ständigen Meditationen immer tiefer verinnerlicht.

Wer so denken und handeln kann, wird gelassen. All seine Kraft und Konzentration geht in sein Tun ein. In solchem Handeln erfährt er sich. Das macht ihn unabhängig von Lob und Tadel von außen. Dieses Schöpferische ist sein Beitrag zum Leben. Und soweit es teilhat am ewigen Geist, ist es unvergänglich.

Meditierende Menschen üben sich darin, das »Alltags-Ich« kleiner und durchsichtiger werden zu lassen, damit das »kosmische Ich«, wir würden es Gott nennen, durch es hindurchscheinen kann. Der Mensch wird wesentlich.

Das bedeutet mit Worten von Angelus Silesius: »Ein wesentlicher Mensch ist wie die Ewigkeit, die unverändert bleibt in aller Außenheit.«

Oder: »Wenn du die Dinge nimmst ohn' allen Unterschied, so bleibst du still und gleich in Lieb und auch im Leid.«

In unserer zielorientierten Lebensdynamik erscheint diese Einstellung wie etwas Statisches, aber die große Ruhe, der wohltemperierte, nicht leidenschaftliche Mensch ist nichts Gegebenes, der Weg dorthin ist ein dynamischer, weil er lebenslange Arbeit bedeutet. Es gibt keinen Stillstand in der geistigen Entwicklung, gerade weil es kein eigentliches Ziel gibt, das man erreichen kann. Es verschiebt sich immer weiter vor. Die wesentlichste Forderung im Zen-Buddhismus ist:

»Geh weiter, geh weiter!« oder wieder mit den Worten des Angelus Silesius: »Freund, so du etwas bist, so bleib' doch ja nicht stehn, man muß aus einem Licht fort in das andere gehn.«

Ich habe dieses Kapitel überschrieben mit dem Titel »Das Schöpferische als Überwindung der Resignation.« Was ist es, das Schöpferische? Man hätte Bilder von leidenden Menschen zeigen können, die mittels ihrer Gestaltung einen Weg aus der Enge ihrer Not fanden. Wir sind jedoch schnell geneigt, das Schöpferische mit einer der Künste in Verbindung zu bringen – aber es ist viel weiter und grundlegender. Vieles in der Kunst ist für mich nicht schöpferisch, weil es dem Ego des Künstlers dient. Wenn es besonders ausgefallen ist, wird es in unserer Gesellschaft honoriert.

Das Schöpferische hat für mich etwas mit Liebe zu tun, mit Spiritualität. Die großen Weisen und Heiligen sind in erster Linie große Liebende, und als solche schwingen ihnen die Herzen der anderen in Liebe, Ehrfurcht und Bewunderung zu. Freude, Seligkeit und Bejahung der Welt ist ihr Grundsatz.

Jeder, der solche Zustände erlebt hat, weiß, daß sie unsere kostbarsten Fähigkeiten versammeln. Wer wirklich liebt, könnte »die ganze Welt umarmen«, das heißt, er weitet sein kleines Ich aus, um Teil eines größeren Ganzen zu werden. Das ist der eigentlich schöpferische Prozeß: das »Immer weiter«, das immer »Weitere«. Erst wenn wir wirklich anfangen zu begreifen, daß alles miteinander zusammenhängt, müssen wir immer weniger ausschließen und können mehr Verantwortung übernehmen, aus der Neues hervorgehen kann.

Wir leben in einer Zeit der großen Zusammenschlüsse. Unsere Städte und Kontinente lassen sich in immer kürzerer Zeit mit schnellen Verkehrsmitteln verbinden. Ein Mensch in Hannover kann über das Telefon innerhalb von Sekunden Kontakt zu einem anderen in Australien finden. Im Internet können sich die Menschen über einen immer größer werdenden Pool von Informationen miteinander vernetzen. Firmen fusionieren zu riesigen Weltkonzernen. Das Fernsehen verbindet unsere Wohnzimmer mit der Welt.

Macht uns das nicht leichter zu begreifen, daß alles mit allem zusammenhängt? Gestalten sich da nicht Verschmelzungswünsche?

Warum wächst im gleichen Maße der Haß auf das Fremde? Warum ringen wir unerbittlich um die Macht, koste es, was es wolle? Warum investieren die reichen Länder riesige Energiepotentiale in ihre Kriegsmaschinerie?

Wenn wir den spirituellen Weg des »Immer weiter, immer weiter« dem »Immer weiter, immer weiter« der Industrienationen gegenüberstellen, so sind nur die Werte gleich, der Geist ist ein grundsätzlich anderer. Den spirituellen Weg des

»Immer weiter« begleitet eine in gleichem Maße wachsende Achtsamkeit, während dem Weg des »Immer weiter« der Industrienationen diese Achtsamkeit fehlt. Wer sie mit hineinbringt, wird als Behinderer und Boykotteur bekämpft, denn das »Immer weiter« kommt eher der unaufhaltsamen Bewegung eines Panzers gleich, der alles unter sich platt macht, weil sein Antrieb die Macht ist.

Und doch frage ich mich manchmal: Kann es nicht sein, daß sich hinter all dem eine Sehnsucht nach Befreiung aus der Enge verbirgt?

Wir haben vergessen, daß man an jedem Übergang den fälligen Tribut zahlen muß:

- Der Schritt aus der Sicherheit in das Fremde muß mit Unsicherheit bezahlt werden;
- der Schritt vom großen Besitz zu gerechter Verteilung mit Verlustängsten;
- der Schritt von der Macht zur Verteilung der Macht auf viele mit Ohnmacht;
- der Schritt von der Leidlosigkeit zum Mitgefühl mit Schmerz;
- der Weg durch den Verlust mit Trauer.

Aber wer möchte seine Sicherheit mit Unsicherheit vertauschen?

Wer seinen Besitz mit Verlustängsten?

Seine Macht mit Machtlosigkeit?

Seine Leidlosigkeit mit Leid?

Unsicherheit, Bedrohlichkeit, Ohnmacht, Leid, Scham, Machtlosigkeit sind für uns nicht nur keine erstrebenswerten Zustände, wir versuchen sie sogar unter allen Umständen zu vermeiden. Und doch kann Neues nicht ohne sie entstehen, sie sind die Brücke zu neuen Ufern.

Wir bekommen gerade in unserer Zeit eine Lektion darin, was passiert, wenn wir in der Gefangenheit um unser eigenes Wohl das Leid anderer ausblenden, oder wenn wir hinter der Aggression die Verletztheit und Demütigung nicht wahrnehmen können: Der immer stärker tobende Schlagabtausch der Israelis und Palästinenser wird nicht wirklich zu bremsen sein, wenn die Menschen nicht lernen, sich ineinander einzufühlen und einander zu verstehen, etwas, das man seit Jahrzehnten in einigen Kibuzen versucht hat. Der Friede im Nahen Osten, aber nicht nur da, sondern in jeder Beziehung zwischen einzelnen Menschen und Völkern, setzt die Bereitschaft zu diesem langwierigen Prozeß voraus. Die Fähigkeiten, sich einzufühlen, das Leid des anderen mitzufühlen, auf eigene Macht sowie die ungerechte Verteilung von Besitz zu verzichten zugunsten einer gerechten Verteilung – das sind die Voraussetzungen für eine schöpferische Entwicklung der Menschheit statt Resignation.

Resignation ist eine Folge der Isolierung. Das Schöpferische aber ein Akt des Zusammenschlusses oder der Einbindung in einen größeren Kontext – räumlich, zeitlich und geistig.

## *Kinder und Tod*

Soll man mit kleinen Kindern über den Tod der Großmutter, eines Elternteils, eines Geschwisters, Freundes oder Tieres sprechen, oder ist es nicht besser, man schweigt darüber, läßt Gras darüber wachsen? – »Zeit heilt Wunden, es wird schon vergessen, und dann geht alles wieder seinen gewohnten Gang.« Und was verstehen Kinder überhaupt vom Tod?

In meine Praxis kam eines Tages eine Mutter mit ihrer vierjährigen Tochter. Charlotte war ein niedliches kleines Mädchen. Sie schaute mich herausfordernd an. Als ich mich ihrer Mutter zuwandte, trat sie mir ans Schienbein und zog blitzschnell die Decke vom Tisch, so daß die Blumenvase mit einem Knall auf dem Boden zersprang und das Wasser sich zwischen uns ausbreitete. Gelassen und ruhig, als sei es ein Spiel, das alle Aufmerksamkeit in Anspruch nahm, trat sie auf die am Boden liegenden Rosen, dann nickte sie still. Über ihrem kleinen Gesicht lag ein Hauch von Trauer.

Kinder in diesem Alter sprechen kaum über ihre Probleme, sie stellen sie eher handelnd dar. In diesem Sinne versuchte ich ihre Mitteilung zu verstehen, während ich mich daran machte, den Schaden zu beheben. Aber ich kam nicht dazu.

Als ich mit Lappen und Besen zurückkehrte, hatte Charlotte die Tasche ihrer Mutter ausgekippt und bemalte diese von oben bis unten mit Lippenstift und Eyliner, während die Mutter hilflos lachte.

Dieses kleine Mädchen schien mir verzweifelt mächtig, und es gelang mir nur mit großer Mühe, ihr beides zu entwenden. Da sie auf nichts, was ich sagte, einging, konnte ich sie den Rest der Stunde nur bändigen, indem ich sie fest auf meinem Schoß hielt. Von dem, was die Mutter mir erzählte, verstand ich höchstens ein Viertel, weil Charlotte ohne Pause sang und redete.

Warum erzähle ich das im Zusammenhang mit Tod und Trauer? Charlotte hatte fünf Monate zuvor ihren Vater verloren. Die Mutter hatte es dem Kind nicht gesagt.

Als Charlotte drei Jahre alt war, war der Vater in ein Pflegeheim gekommen. Sie hatte ihn nicht mehr gesehen, weil die Mutter es für besser hielt, dem kleinen Kind den durch einen Hirntumor stark veränderten Vater nicht zuzumuten. Sie glaubte, Charlotte hätte ihn schon vergessen, deshalb sagte sie nichts von seinem Tod. Aber einen Monat später hatte Charlotte vor ihrer Mutter gestanden und gesagt: »Nun sag es endlich, ist er tot?« Die Mutter bestätigte es, aber Charlotte hatte keine Vorstellung, was »tot« ist, außer, daß der Tote verschwunden ist. Das hatte sie beim Tod des Großvaters erlebt.

Sie fragte also weiter: »Wo ist er? Was tut er jetzt?« Die Mutter nahm sie mit zum Grab. Charlotte war verwundert, da unter der Erde sollte ihr Vater sein? Sie fing an zu buddeln wie ein kleiner Hund und war verzweifelt, ihn nicht zu finden. Sie wollte Brötchen für ihn kaufen und Wurst und auch etwas zu trinken. Die Mutter brachte es nicht fertig, sie darüber aufzuklären, was »Tot-Sein« bedeutet. So buddelten sie alles ein. Aber schon in der Nacht darauf, als es stürmte und regnete, stand Charlotte mit einer Decke vor dem Bett der Mutter. Sie jammerte, der Vater fröre, sie müßten ihm sofort eine Decke bringen. Es gelang der Mutter, sie bis zum Morgen zu vertrösten, aber dann zogen sie mit der Decke auf den Friedhof, und Charlotte buddelte wieder ein großes Loch und stopfte die Decke hinein.

Für kleine Kinder bedeutet Tod Abwesenheit. Normalerweise fragen sie, wann der Tote wiederkommt. Sie haben eine andere Zeitvorstellung als Erwachsene. So kann zum Beispiel »nachher« *gleich* bedeuten oder *viel, viel später*. Auch haben sie noch keine Vorstellung davon, wie lang Stunden, Tage und Monate sind. Deshalb müssen sie das »nie wieder« viele Male hören, bis es sich mit Erfahrung anreichert.

Genauso ist es mit der Frage, wo denn der Tote ist. Oft denken wir, wir müßten kleinen Kindern die Beerdigung ersparen, aber in Wirklichkeit helfen wir nicht nur uns, sondern auch den Kindern, durch die Rituale einer Beerdigung die Realität des Todes zu begreifen: Einen Verstorbenen friedlich in seinem Sarg zu sehen, zu erleben, wie der Sarg geschlossen wird, wie er in Anwesenheit vieler Menschen in die Erde gesenkt und gesegnet wird, wie die Teilnehmenden Erde und Blumen auf ihn werfen und als Hinterbliebene eine Gemeinschaft der Lebenden bilden, die gemeinsam trauern, aber auch feiern – das alles ist zur Einübung des Bewußtseins, daß der Tod natürlicher Teil unseres Lebens ist, ungeheuer wichtig.

Ich habe auch andere kleine Kinder nach dem Tod eines Angehörigen fragen hören, wie es dem Verstorbenen in seinem Sarg unter der Erde geht. Es ist für sie beruhigend, und sie akzeptieren es, daß der Tote nichts mehr essen und trinken muß, daß ihm nicht kalt ist und daß er sich im Dunkeln nicht fürchtet. Sie finden es auch nicht schlimm, wenn man ihnen erzählt, daß der Körper zu Erde wird, aus der Blumen und Bäume wachsen können, in der Mäuse ihre Gänge graben und in der viele kleine Tieren leben können.

Daß wir das nicht sagen, liegt glaube ich daran, daß wir Erwachsenen Probleme mit dieser Vorstellung haben.

In Papua Neuginea gibt es Eingeborenenstämme, die ihre Toten bis zu einem Jahr lang in ihren Hütten behalten. Sie umwickeln sie mit Kalkbändern und schlafen bei ihnen so lange, bis alle Angehörigen zusammenkommen können, um ihnen einen würdigen Abschied zu bereiten; denn so ist ihre Vorstellung: Wenn die anderen Verstorbenen im Totenreich sehen, wie beliebt der Tote war, werden sie ihm eine wichtige Position einräumen. Die Seele des Verstorbenen wird voller Liebe für das Heil seiner lebenden Familie sorgen.

Die mumifizierten Toten werden in Felswände gestellt. Sie werden häufig besucht, besonders von den Kindern, die zwischen ihnen spielen. Das ermöglicht es ihnen, in einem ihnen angemessenen Zeitraum Abschied zu nehmen.

Bestimmt ist auch in Papua Neuginea ein Kind genauso traurig, wenn es Mutter, Vater oder ein Geschwister verliert, wie bei uns, aber der Kontakt mit den sterblichen Überresten wird viel selbstverständlicher gepflegt, die Toten sind nicht ausgegrenzt. Dem realen Verlust steht ein ideeller Gewinn entgegen: Die Seele des Verstorbenen im Totenreich trägt aus einer mächtigen Position heraus zum Wohle der Familie bei.

Angesichts des Todes sind wir gefragt, was wir unter »Tod« verstehen: Ist der Tod eines Menschen die endgültige Auslöschung seiner Existenz, oder nicht? Auch darauf brauchen die Kinder von uns eine Antwort, wie auch immer sie ausfällt.

Charlottes Mutter war durch den Tod ihres Mannes, mit dem sie nur fünf Jahre hatte zusammen leben können, geschockt. Für einen Schock ist es bezeichnend, daß alle Vorstellungen und

Gefühle blockiert sind. Sie konnte den Tod ihres Mannes nicht akzeptieren, sie blendete ihn aus und konnte deshalb ihrer kleinen Tochter auch nicht helfen. Sie konnte ihr nicht real vermitteln, was mit dem Vater geschehen war, aber auch nicht, in welcher Weise er in ihr fortleben dürfe.

Die letzte Begegnung mit ihrem Vater hatte ein Jahr zuvor stattgefunden. Er hatte auf Charlotte aufgepaßt, während die Mutter einkaufen gegangen war. Als sie zurückkam, fand sie ihren Mann auf der Erde liegend, während das Kind verzweifelt auf ihm herumsprang und ihn aufforderte, mit ihr zu sprechen. Der Vater war ohnmächtig. Er wurde von Sanitätern abgeholt, und Charlotte hat ihn dann nicht mehr gesehen.

Ich erinnerte mich daran, wie sie bei unserer ersten Begegnung die Vase vom Tisch gerissen und dann ganz versunken die Rosen, die auf der Erde lagen, zertreten hatte. Damals konnte ich das nicht verstehen, weil ich ihre Geschichte noch nicht kannte, aber jetzt war mir klar, daß sie ihr Hauptproblem unbewußt inszeniert hatte.

Bei nicht gelungener Trauerarbeit entsteht ein Wiederholungszwang. Das war bei Charlotte deutlich zu sehen. Sie fühlte sich offenbar schuldig am Tod des Vaters, als habe sie ihn zerstört, und diese Zerstörungswut mußte sie permanent wiederholen. Sie war voll mit dieser Rolle identifiziert. Im ersten Jahr mußte ich sie manchmal die ganze Stunde festhalten, weil sie alles, was in ihrer greifbaren Nähe war, zerstörte. Wenn ich sie festhielt, sagte ich: »Hab´ keine Angst, ich passe auf mich, auf dich und auf das Spielzeug auf, wenn die kleinen Teufel in dir toben, du bist ein gutes Kind!«

Das brachte sie langsam zur Ruhe. Erst dann konnte sie allmählich das, was sie quälte, im Spiel darstellen und war nicht mehr im Zerstörungszwang gefangen.

So spielte sie Beerdigung, das heißt, ich mußte sie unter Matratzen begraben. Still und friedlich verharrte sie in ihrem Matratzengrab. Nur wenn ich sie am Ende der Stunde herausholen mußte, schrie sie wütend.

Oft bekommt das, was man verloren hat, im nachheinein einen hohen Wert. Die Einmaligkeit eines Menschen wird uns häufig erst im Verlust bewußt. Er kann uns dann so nahe rücken, daß er ein Teil von uns ist und wir von ihm, so daß der Tod oder Verlust eines geliebten Menschen geradezu einen Sog ausübt, ihm zu folgen. Das gehört zu jedem Trauerprozeß, nur ist es wichtig, nicht darin steckenzubleiben, sondern die Trennung zu vollziehen, die die Toten tot sein läßt und die Lebendigen lebendig. Deshalb war es in Charlottes Therapie ein Fortschritt, als sie, anstatt sich selbst begraben zu lassen, ihren Vater begrub, indem sie einen Bären unter die Matratze legte. An diesem Matratzengrab stellte sie all die Fragen, die die Mutter ihr nicht hatte beantworten können, weil sie selbst in ihrem Trauerprozeß steckengeblieben war.

Charlotte fragte den Bären, und ich antwortete.

»Papa, hast du Hunger?«

»Nein, meine kleine Tochter, ich habe weder Hunger noch Durst.«

»Papa, hast du Angst im Dunkeln? Oder ist dir kalt? Hast du was zum Spielen? Bist du allein?«

Immer wieder stellte sie diese Fragen, und ich beantwortete sie.

Eines Tages sprang sie plötzlich auf die Matratzen, trampelte und schrie: »Du sollst mit mir spielen!«

Ich holte sie herunter und fragte für sie: »Papa, habe ich dich totgemacht?« – denn ich hatte inzwischen von der Mutter von der letzten Begegnung mit dem Vater gehört. Sie lauschte atemlos, als ich sagte: »Nein, meine kleine Tochter, ich hätte so gern mit dir gespielt, aber ich war schwerkrank und fiel um. Dafür kannst du nichts. Ich wäre so gern aufgestanden, aber ich schlief und konnte nicht aufwachen, so konnten wir uns gar nicht verabschieden. Nun tue ich es jetzt: Auf Wiedersehen, meine liebe Tochter, ich bin trotzdem immer bei dir.«

Charlotte weinte das erste Mal voller Trauer, sie schrie nicht und sie wütete nicht. Die furchtbaren Schuldgefühle, die sie vor sich selbst zu einem bösen Kind gemacht hatten, waren weg, der Vater hatte sie entschuldet.

Der Mechanismus des negativen Wiederholungszwangs, der bei Charlotte so deutlich gelebt wurde, ist etwas, was bei Kindern häufig im Trauerprozeß auftritt. Immer wenn ein geliebter Mensch stirbt und man sich an seinem Tod schuldig fühlt, wiederholt man das, wofür man sich schuldig fühlt, man ist, wie in Charlottes Fall, ein böses Kind und erlebt, daß man anderen Menschen, die man braucht, schadet, und daß sie sich zurückziehen wie der Verstorbene. Es ist ein Teufelskreis, der sich nur unterbrechen läßt, indem der Ursprung aufgedeckt und richtiggestellt wird.

Mit kleinen Kindern kann man noch nicht über den Tod sprechen, aber man kann versuchen, aus ihren Spielen zu verstehen, wie sie den Tod empfinden. Wie auch bei Erwachsenen ist es wichtig, daß sie einen Ausdruck dafür finden, so zum Beispiel das Spiel »Begraben« bei Charlotte, oder Luftballons wegfliegen lassen, Türme umwerfen und wieder aufbauen – alles Handlungen, die den Tod symbolisieren.

Oft glauben die Erwachsenen, daß ein Kind, das weder mit Worten noch im Spiel den erlebten Verlust benennt, sondern einfach still ist, den Toten vergessen hat. Aber das stimmt nicht.

Am schlimmsten ist der Zustand, wenn man durch ein Übermaß an Problemen verstummt. Das ist das Schlimmste.

Der Tod ist ein großer, oft traumatischer Verlust für ein Kind; eine wichtige Beziehungsperson, durch die es sich selbst erfahren konnte – wie Eltern, Großeltern, Onkel, Tanten – oder mit denen man sich solidarisieren konnte, ist aus dem Leben des Kindes verschwunden. Ein Beziehungsloch ist entstanden. Das Gefühl, daß man sich auf die Präsenz eines geliebten Menschen verlassen kann, ist zerstört oder ins Wanken geraten. Man fühlt sich verlassen, ohnmächtig, und die Angst, daß so etwas wieder passieren kann, wächst.

Wenn der verstorbene Mensch aus dem Bewußtsein des Kindes verdrängt werden muß, ist er endgültig verloren.

Kann eine Mutter aber über den verstorbenen Vater so sprechen, daß Bilder die positive Erinnerung wachhalten, Geschenke ihn dasein lassen und es sich noch immer geliebt fühlt, bleibt er noch als wichtige Identifikationsfigur verfügbar und die Entwicklung des Kindes verläuft besser.

Bei verstorbenen Geschwistern ist die Möglichkeit der Präsenz genau so wichtig. Die Gefahr ist nur, daß Eltern das verstorbene Kind zu sehr idealisieren, so daß die lebenden Kinder es als niemals erreichbares Idol vor Augen haben und dies in bezug auf ihre eigene Identität als bedrücken erleben.

Wer glauben kann, daß das Leben auf dieser Erde nur ein Abschnitt für die Seele eines Menschen ist, und wer das seinen Kindern vermitteln kann, für den ist der Tod keine endgültige

Trennung, und es ist leichter zu akzeptieren, daß er zu unserem Leben dazugehört.

Es gibt eine Form des Todes, dem Kinder häufiger begegnen: das ist der Tod eines Tieres. Viele Kinder haben Meerschweinchen, eine Maus, einen Vogel, eine Katze oder einen Hund. Sie hängen an diesen Tieren. Manche von ihnen haben nur eine kurze Lebensdauer, und dann ist der Kummer groß, wenn sie sterben. Anders als bei Menschen läßt sich ein Tier vielleicht ersetzen, aber sollte man das tun?

Es ist nicht leicht, die Trauer eines Kindes auszuhalten, wir möchten es wieder glücklich sehen, möchten ihm den Verlust ersetzen, und nicht selten ist schon nach wenigen Tagen ein neuer Vogel, ein neues Meerschweinchen an die Stelle des verstorbenen getreten. Aber ist das gut?

Auch ein Tier ist immer ein einmaliges Geschöpf, zu dem das Kind eine einmalige Beziehung aufnehmen kann. Das macht seine Besonderheit aus. Wird es so schnell ersetzt, verliert es leicht diese Qualität.

Trauer ist für die Entwicklung eines Menschen ein sehr wichtiger Prozeß. Wann beginnt er?

Der Tod hat vom Beginn des Spracherwerbs Bedeutung für das Kind. Diese Bedeutung läßt sich kaum von der des Erwachsenen unterscheiden. Beim Kind liegen Lachen und Weinen nah beieinander, das heißt aber nicht, daß es weniger betroffen ist. Wenn es kein Gegenüber für seine Fragen findet, wird es oft depressiv oder entwickelt psychosomatische Störungen. Es bekommt zum Beispiel Bauchschmerzen, neigt zu plötzlichem Fieber, Kopfschmerzen oder ist von Unruhe getrieben. Störungen, die um so heftiger sind, je früher sich der Verlust ereignet hat.

Durch die Vorstellung der Erwachsenen, daß das Kind den Tod sowieso nicht recht mitbekomme und ihn auch nicht verstehe, fühlt es sich im Stich gelassen. Kinder spüren viel mehr noch als Erwachsene die Atmosphäre ihrer Umgebung und leiden unter Unausgesprochenem. Sie versuchen, sich zu helfen, indem sie sich, je nach psychischer Veranlagung und Alter, zurückziehen und träumen, aus der Realität aussteigen oder eine gewisse Befriedigung und Tröstung im Daumenlutschen oder Hin- und Herschaukeln suchen. Manche fangen an, ins Bett zu nässen – wie ein verschobenes Weinen. Ältere Kinder entwickeln oft Konzentrationsstörungen und Schulschwierigkeiten oder Sprachstörungen wie Stottern. Auch Angstsymptome vor jedwedem Verlust, Zwänge und Rituale als Versuche, eine gewisse Ordnung zu schaffen und das Leben vorhersehbar und zuverlässiger zu machen und vor Einbrüchen zu schützen, aber auch Apathie vor dem Hintergrund von Resignation sind Versuche der Bewältigung. Manchmal werden die Kinder delinquent, sie lügen oder stehlen als Ersatz für das Ungesagte, den Tod, oder sie perpetuieren den traumatischen Verlust, indem sie ihn ständig neu agieren, werden zu chronischen Versagern, indem sie Schulsachen, Geld, Spielzeug, Freunde verlieren, weil der Verlust nicht durchgetrauert werden konnte und deshalb im Unbewußten nicht akzeptiert wurde, das nun auf diese Weise ständig rebelliert. Viele dieser Kinder entwickeln Trennungsängste. In Panik versuchen sie festzuhalten, was ihnen wichtig ist. Auch der Schlaf ist angstbesetzt, ähnelt er doch dem Tod.

Trauer ist neben der Liebe vielleicht das komplexeste Gefühlsgeschehen, zu dem ein Mensch fähig ist, und zugleich das persönlichste. Deshalb kann man niemandem vorschreiben, wie er zu trauern hat.

Die »richtige« Trauer gibt es nicht. Es gibt nur den jeweils einmaligen Weg. Am schwersten zu ertragen und zu verstehen sind für die Trauernden, aber auch für ihre Mitmenschen, die häufig wechselnden widersprüchlichen Gefühle.

Da können Sehnsucht und Zorn, Hoffnung und Wut, Verzweiflung und Liebe, Haß und Freude, Akzeptanz und Fassungslosigkeit von einer Minute auf die andere miteinander wechseln. Da kann das Bedürfnis nach Schutz und Zärtlichkeit abrupt zum Bedürfnis nach Alleinsein werden und im nächsten Augenblick umkippen in Verzweiflung über die Einsamkeit. Tiefe Trauer kann den betroffenen Menschen bis auf den Grund erfassen, reißt ihn durch alle Gefühlsbereiche mit der dem Trauernden eigenen Dynamik oder hält ihn in einem von ihnen fest, zum Beispiel in der Wut oder der Verzweiflung, obwohl er sich daraus befreien möchte.

Der trauernde Mensch braucht ein mitfühlendes, annehmendes, stärkendes Wesen an seiner Seite, das bereits Erfahrungen in Trauerprozessen sammeln konnte und heil am anderen Ufer angekommen ist. Nur ein solcher Mensch kann überzeugende Zuversicht ausstrahlen, so daß man am Ende eines solchen Weges wissender, zuversichtlicher und angstloser sein kann als zuvor.

Vor allem Kinder brauchen in ihrem Trauerprozeß die verständnisvolle und liebevolle Begleitung von Erwachsenen. Dabei können auch die zum Teil seit Jahrhunderten erprobten Rituale helfen. Wir sollten sie nicht unterschätzen, denn sie repräsentieren symbolische Handlungen, deren komplexe Aussagen sich den Kindern oft leichter erschließen als den Erwachsenen, die der Symbolwelt, die auch das Spiel immer wieder schafft, nicht mehr so nahe sind.

Ich erinnere mich an den Tod eines Onkels. Ich war damals sieben Jahre alt. Mein Onkel war Chemiker und war in den Leunawerken im Krieg von einer Bombe in seinem Labor zerfetzt worden. Die Erwachsenen waren geschockt, wir Kinder hörten nur Bruchstücke und reagierten mit stummem Entsetzen. Zur Beerdigung wollte ich auf keinen Fall mit, denn ich hatte Angst, daß alle Teile meines Onkel einzeln verpackt begraben würden. Ich blieb mit meinem Cousin zu Hause. Als die Erwachsenen weg waren, spielten wir beide Beerdigung: Wir gruben ein großes Loch im Garten, sammelten Blätter in einen Sack und begruben ihn in dem ausgehobenen Loch. Ich erinnere mich noch an alle Gefühle: wie gut es tat, den Sack so vollzustopfen, daß wir ihn kaum mehr zubinden konnten. Heute denke ich, daß wir Onkel Paul symbolisch wieder heilgemacht hatten, alles war ganz fest zusammen.

Als wir abwechselnd Erde auf ihn schaufelten, sangen wir laut. Es war ein gutes Gefühl, als wir ihn mit großer Anstrengung ganz mit Erde bedeckt hatten, so, als sei er nun geschützt, habe es warm. Aber dann stiegen wir auf die frisch aufgeworfene Erde und hüpften ausgelassen auf ihr herum. Wir lachten und waren ganz fröhlich, je fester der Boden wurde. Da kam die Trauergesellschaft zurück. Ich bemerkte es erst, als ich in das fassungslose Gesicht meiner Mutter schaute. Ich kann es noch heute sehen und kann die schreckliche Scham spüren, die in mir hochschoß. Alles war bis dahin stimmig gewesen, aber von einer Sekunde zur anderen stimmte nichts mehr.

Wir wurden auf unsere Zimmer geschickt. Auf die Frage meiner Mutter, was ich mir dabei gedacht habe, konnte ich nur immer wieder sagen: »Wir haben Onkel Paul begraben.« Aber warum diese Beerdigung so fröhlich war, wußte ich selber nicht.

Heute kann ich meinen Cousin und mich verstehen: Die andere Seite der Trauer ist die Freude am Leben.

Nach jeder Beerdigung gibt es einen »Leichenschmaus«. Das war mir von außen gesehen lange unerträglich, aber inzwischen bin ich auf vielen Beerdigungen gewesen und konnte erleben, wie tröstlich die gemeinsame Feier der Hinterbliebenen sein kann, bei der Erinnerungen an den Verstorbenen zusammengetragen werden und bei der man sich selbst seines Lebens in der Gemeinschaft mit und um den Toten herum versichert. Man weint und lacht miteinander. So war es meinem Cousin und mir ergangen: Wir waren fröhlich, denn wir hatten den Onkel zusammengefügt, hatten ihn gebettet und hatten das Schreckliche unter die Erde gebannt, da konnten wir wieder froh sein. Nur meine Mutter und die anderen Verwandten und Freunde waren in ihrer Trauer an einer anderen Stelle. Bei Kindern liegen die unterschiedlichen Gefühle viel näher beieinander – die Erwachsenen fühlten sich durch unsere Fröhlichkeit brüskiert. Wir schienen ihnen und schließlich auch uns herzlos und roh.

Der Trauerprozeß verläuft in seiner Einmaligkeit bei jedem Menschen verschieden. Das macht gemeinsame Trauer, die über längere Zeit geht, so schwer. Die Enttäuschung über die Unterschiedlichkeit ist besonders bei einander nahestehenden Menschen groß, weil sie immer hoffen, im gleichen Erlebnisraum zu stehen. Aber das kann nur punktuell so sein, deshalb erleben die Menschen im Trauerprozeß die größte Einsamkeit, denn jeder Prozeß verläuft einmalig. Er verläuft nicht automatisch, er ist in vielfacher Weise störbar. Er braucht Zeit, Kraft und Aufmerksamkeit.

Jeder gelungene Trauerprozeß endet mit der Akzeptanz des äußeren Verlustes. Durch die unterschiedlichen Gefühle ist der verstorbene Mensch zu einem inneren, jetzt unverlierbaren Wesen im Trauernden geworden. Die Einheit von beiden ist auf neue Weise wieder hergestellt.

*Briefe an »meine« Kinder*

*An Ole*

Wie ist es, wenn Du Dich an Dein Leben erinnerst? Vielleicht sieht es jetzt anders aus; jetzt, wo Du alles überblicken kannst – ich hoffe das jedenfalls.

Ich habe noch so viele schmerzliche Bilder in mir. Wenn sie hochkommen, schrecke ich zusammen. Ich habe viele kranke Kinder gesehen, aber Dein kurzes Leben war besonders schwer. Solange Du zu mir kamst, immerhin viereinhalb Jahre, konnte ich versuchen, Dich ein bißchen zu beschützen, Dich zu trösten, Ideen mit Dir zu entwickeln, wie es leichter zu ertragen sein könnte. Das war nicht leicht, denn Du schwebtest nur wie eine Feder in der Welt. Ein Windhauch konnte Dich in ein anderes Land tragen, und es war fast immer Sturm in Deinem Leben, und das Tag und Nacht.

Tagsüber hattest Du Angst vor Hunden und ranntest um Dein Leben, wenn Du sie sahst. Wie oft kamst Du mit aufgerissenen Händen, Knien oder aufgeschlagenem Kinn zu mir, immer außer Atem, denn es sind ja so viele Hunde in der Stadt! Das habe ich erst gemerkt, als ich Dich einmal von zu Hause abholte. Deine kleine, kalte Hand zuckte alle paar Sekunden panisch in der meinen, und ich sagte ununterbrochen auf unserem Fünf-Minuten-Weg: »Mit dem nehmen wir es auf, er muß nur wissen, daß wir ihm nichts tun wollen!« Am Ende waren wir beide ganz durchgeschwitzt, obwohl es Februar war. Erinnerst Du Dich?

In der Schule warfen sie Dich immer über die Mauer, weil Du so klein und ängstlich warst. Damit reiztest du offenbar die Aggressionen derer, die auch Angst hatten, aber etwas stärker waren als Du. Ein Wunder, daß Du Dir nur einmal dabei den Arm gebrochen hast.

Gerade kam mir das Bild unserer ersten Begegnung vor Augen. Deine Mutter brachte Dich und erzählte nur Negatives über Dich, und Du hattest Deine Beine und Arme ganz eng um dich verknotet und hetztest über Dich mit, als ginge es nicht um Dich.

Ich konnte das kaum aushalten und fragte Dich nach dem, was Du könntest oder liebtest, aber Ihr beide fuhrt fort mit den Anklagen über den kleinen sonderbaren Kerl, der da vor mir saß, neun Jahre alt war, klein wie ein Vierjähriger und grämlich wie ein Greis.

Als Du gingst, sagtest Du: »Unterstützung gibt keiner, denn die läuft selbständig.« Lange warst Du so schnell wie ein Wiesel, wenn Du bei mir warst, immer auf der Flucht. Ich glaube, Du hattest Angst, daß auch ich Dich so abwerten würde. Schließlich gelang es Dir, mich auszuschalten: Ich tat nichts, ich sagte nichts, ich war nur unauffällig da und lauschte Deinen permanenten seltsamen Selbstgesprächen. Wieso bist Du immer gekommen? Was hast Du Dir bei mir geholt?

Ich hätte Dir gern ganz viel gegeben, wenn Du so verhungert, gequält und verletzt ankamst, aber wahrscheinlich war es ganz wichtig, daß Du nur Krümel nahmst, alles andere hättest Du wahrscheinlich gar nicht ertragen.

Erinnerst Du Dich: Eines Tages kamst Du mit einer großen Papprolle, die hattest Du bei einem Architekten aus dem Altpapier gezogen. Es war ein Grundriß darauf. Du breitetest sie auf der Erde aus und maltest mit Wachskreiden darauf. Du warst wie im Trance. Ich entnahm Deinen Reden, daß es sich für Dich um eine Festung mit zehn Meter dicken Mauern handelte, ohne Fenster, ohne Türen, 25 km unter der Erde. In dieser Festung wohnte nur einer: »König Ole«, und nie, *nie* würde es irgendwem gelingen, dorthin zu gelangen. So ganz sicher warst Du offenbar trotzdem nicht, denn Du bestücktest die Mauern mit Kanonen und Laserstrahlen.

Als ich von Deiner Mutter hörte, daß sie dreimal versucht hatte, Dich abzutreiben, war mir klar, daß Du dabei warst, Dir einen *sicheren* Uterus zu schaffen. Drinnen war nichts in Deiner Festung, keine Möbel, kein Licht, keine Nahrung. Alle Phantasie und alle Kraft ging in die Sicherung. Daß vielleicht auch mal Freunde kommen könnten, kam Dir nicht in den Sinn. *Es konnten nur Feinde sein.* In Deinem *neunjährigen Leben* hattest Du nie Freunde gehabt.

In der Nacht, erzählte Deine Mutter, hattest Du schreckliche Angst vor Riesenspinnen, sie mußte Dich jedesmal in Deinem Bett mit Stricken verschnüren, so daß nur noch Deine Nase herausschaute. So verbrachtest Du, schweißgebadet, die Nacht. Ich habe manchmal um Dich geweint. Dein Leben kam mir vor, als gingest Du durch die Hölle. Wie kann man das nur überstehen?

Warum hingst Du trotzdem am Leben? In Deiner Panik hättest Du viele Male vor ein Auto laufen können.

Ein Jahr lang maltest Du an diesen Festungen. Ich weiß nicht mehr, wie viele. Ich saß am Rand, schaute Dir zu, sagte aber nichts, um Dich nicht zu stören. Eines Tages ließest Du an der Seite, wo ich saß, ein kleines Loch in der Mauer, so, als würdest Du mich als Schutz an dieser Stelle akzeptieren. In der nächsten Stunde legtest Du Dich in die Mitte Deiner Festung, zusammengekrümmt wie ein Embryo, und schliefst ein.

Ich habe Deinen Schlaf bewacht.

Danach hast Du keine Festungen mehr gemalt, und Deine Mutter mußte Dich nicht mehr für die Nacht verschnüren.

Ich glaube, dieser Schlaf in Deiner unterirdischen Festung hat Dir die Kraft gegeben, in diese

Welt zu treten. Trotz all Deiner panischen Aktionen scheinst Du nur als ein Angstwesen zu existieren, andere Gefühle waren nicht da. Nie hast Du über Schmerzen geklagt, wenn Deine Knie aufgeschlagen waren, auch als Du Dir den Arm gebrochen hattest, merktest Du offenbar nichts. Du lebtest noch gar nicht in dem Leib, der schon da war. Aber nach dem Einzug in Deinen Körper fingst Du an zu leiden.

Ich erinnere mich, wie Du einmal zu mir kamst und alles voller Blut war. Du warst wieder einmal gestürzt und hattest Dir Dein Kinn aufgeschlagen. Das war ja keine Seltenheit, aber diesmal schautest Du mich gequält an und hieltest still, als ich die Wunde auswusch und Dir ein Pflaster darauf klebte. Die ersten Tränen liefen über Deine ausgemergelten Wangen. Sonst waren sie immer nur in mir gelaufen, ohne daß ich Dich berühren durfte. Du fingst an, mir über das Schreckliche, was Dir in der Sonderschule passierte, zu erzählen und weintest bitterlich darüber, daß niemand Dich mochte. Die ganze Einsamkeit brach über Dich herein. Das hattest Du zuvor nicht bemerkt. Du spürtest die gewaltige Enttäuschung und Zumutung, die Du für Deine Familie bedeutetest. Und der Haß, der in Dir geschlummert hatte, niedergehalten von der alles umfassenden Angst, loderte auf und erschreckte die anderen und Dich. Du bemerktest auch all Deine schulischen Defizite: Du konntest weder rechnen, schreiben, noch lesen. Die Scham, die mit all diesen Erkenntnissen verknüpft war, brachte Dich fast um, und ich wußte nicht, ob es nicht zu viel für Dich war, so plötzlich in dieses grausame Leben hineingeboren zu sein, nur versehen mit den einjährigen Erfahrungen Deiner uneinnehmbaren, aber unwirtlichen Festungen, tief, tief in der Erde. Du entdecktest auch auf einmal, wie klein Du warst und daß Deine Haut voller Warzen war.

Aber Du fingst an, mich anzuschauen, wenn auch nur kurz, und ich spürte ein Fünkchen Hoffnung. Ich bewundere noch immer ganz tief, wie du Dich an die Arbeit machtest. Eines Tages zeigtest Du auf den Tisch und sagtest: »Schreib!« Du konntest noch nicht bitten, Du warst entweder ein Nichts oder ein Herrscher. Du setztest Dich in den Knautschsack hinter mich und fingst an, mir eine Geschichte zu erzählen von einem Helden und einem Angstwurm, *Deine* Geschichte. Ein paar Wochen schrieb ich an dieser Geschichte. Wenn ich sie Dir am Ende vorlas, warst Du höchst zufrieden und gingst mit erhobenem Kopf aus der Tür.

Kannst Du Dich an all das erinnern?

Und eines Tages kamst Du und sagtest: »Heute schreibe ich selbst!« Du setztest Dich an den Tisch und nahmst den Stift. Dann senktest Du den Kopf, und ich sah, wie Tränen auf das Papier fielen. Ich erzählte Dir, wie ich als Kind eine

»Geheimschrift« entwickelt hatte, und daß ich sicher sei, Du könntest das auch. Eine Weile sagtest Du nichts. Dann hörte ich Deine gebieterische Stimme: »Ich brauche ein Heft, aber ein möglichst schönes!« Ich hatte gerade eines geschenkt bekommen – ich liebe schöne Schreibhefte – und schenkte es Dir. Von da an schriebst Du in Deiner selbst erfundenen Geheimschrift Deine Geschichten in das Heft. Zum Schluß setztest Du Dich zu mir neben den Knautschsack, reichtest mir Dein Heft und sagtest: »Lies, aber laut!«

Wenn ich dann die Blätter, die Du beschrieben hattest, durchblätterte und sagte, daß das ja eine Geheimschrift sei, die ich leider nicht lesen könne, nahmst Du mir das Heft weg, schütteltest den Kopf, sagtest: »Na ja, Frauen!«, lasest mir aber dann doch Deine Geschichte vor.

Du hattest so viel Phantasie! »Verrückt was?« sagtest Du manchmal bewundernd, und ich konnte nur zustimmen.

Einmal hast Du das Buch mit nach Hause genommen, wolltest es Deinem fünf Jahre älteren Bruder zeigen, der auf dem Gymnasium war. Als Du wiederkamst, warst Du in einer großen Krise: Er hatte gesagt, das sei »Babykram«. Um ein Haar hättest Du alles zerrissen. Du schautest mich mit aufkommendem Haß an und sagtest: »Kannst du überhaupt schreiben? Weiber sind ja doof.« Dann machten wir aus, daß ich Dir Buchstaben beibringen würde, jedesmal drei. Du atmetest auf, und Dein Geheimschriftbuch packten wir in ein schönes Tuch ein, verschnürten es, und Du verstecktest es zwischen den Büchern.

Eigentlich hast Du schnell lesen und schreiben gelernt. Wenn Dir der Mut verging, weil die meisten Mitschüler das, was Du Dir mühsam erwarbst, worauf Du so stolz warst, längst konnten, mußte ich darauf hinweisen, daß sie gewiß keine Geheimschrift konnten; aber das war unser Geheimnis.

Jedesmal hast Du erst »Dein Buch« ausgepackt, wenn Du kamst. Es war eine Quelle der Kraft, es war Dein Ureigenstes, auf das Du bauen konntest wie auf Deine unterirdischen Festungen.

Nach eineinhalb Jahren konntest Du auf eine normale Schule gehen. Du hast wirklich gekämpft und gerungen!

Du fingst an zu wachsen, und Dein Gesicht wurde das eines zarten, nachdenklichen und oft traurigen Jungen. Ich habe Dich gern, aber oft auch mit Sorge angeschaut. Du hattest so viel nachzuholen, denn Du warst erst neun Jahre später als die anderen in das Leben getreten, ohne Schutz, mit nackter Haut, und alles, was in Deine Nähe kam, traf Dich.

Du verliebtest Dich und mußtest erleben, daß Du nicht die geringste Chance hattest, von Mädchen begehrt zu werden. Es war so schmerzlich für mich, das mitzuerleben. Wie eine zarte schöne Blume kamst Du mir vor, eine Frühlingsblume, die aber erst, wenn Frost und Stürme über die Erde gehen, ihre Blüten öffnet und von keiner Sonne gewärmt wird.

Was hast Du aushalten müssen!

Ich habe Deinen Mut bewundert, und ich habe Dich immer lieber gewonnen. Weißt Du, wie Du mir zu Anfang vorkamst? Wie ein Rumpelstilzchen! Ich hatte Mühe, Dich zu mögen. Ich sage es Dir lieber, denn gewiß hast Du es gemerkt, und Du sollst wissen, daß Du das richtig wahrgenommen hast. Aber später habe ich Dich immer mehr gemocht, und ich war glücklich, daß ich bei Deiner »Geburt« dabeisein konnte und Dich später mit meiner wachsenden Hoffnung und Liebe umgeben konnte, wenn auch lange Zeit nur mit großem Abstand. Und Du hast mir immer mehr Vertrauen entgegengebracht, und das war besonders kostbar, weil ich doch wußte, wie teuer Du es erkauft hattest im Kampf mit dem Mißtrauen, daß doch so lange in Dir wuchern durfte.

Nach vier Jahren geschah das Wunder. Du fandest den ersten gleichaltrigen Menschen, der an Dir interessiert war und Dich schließlich liebte: ein Mädchen, das schon vieles mit seinem kranken Rücken durchgestanden hatte. Es war wie ein Engel in Deinem Leben. Es hatte so viel Vertrauen in Dich, daß es Dir ersetzte, was Du erst mühsam aufbauen mußtest.

Ihr fingt an zu leben. Ihr schafftet gemeinsam das Fachabitur. Du, der erst mit zehn Jahren angefangen hatte zu schreiben und zu lesen!

Ich würde gern in den fünf Jahren zwischen Deinem 14. und 19. Lebensjahr verweilen, obwohl ich davon nur sporadisch weiß, über die wenigen Male, die ich Euch in dieser Zeit sah. Vielleicht können nur Menschen so glücklich sein, die zuvor äußerste Not gelitten haben. Es schien mir wie ein langer, warmer Sommertag.

Endete er mit einem Blitzschlag, der Euch beide traf? Deine Freundin starb plötzlich, und Du gingst ihr hinterher, indem Du Deinem Leben ein Ende setztest. Wolltest Du ihr einfach folgen? Oder trieb Dich dieser Orkan – Feder, die Du doch warst, kaum gegründet – einfach in das andere Land? War das Plötzliche alles mehr, als Du ertragen konntest?

Als ich von Deiner Mutter von Deinem Tod hörte, war ich erschüttert, aber hinter, oder besser, unter meiner Erschütterung quoll eine tiefe Freude wie eine Quelle empor. Du bist gerettet! Ich wünsche Dir, dem aus dem schweren Dunkel der Erde Geborenen, ein lichtes, duftendes Haus mit einem Bett voll sanften Schlafs und einem Körper, in dem Du voller Freude wohnst und Dich Deiner schönen Freundin auf ewig vermählen kannst.

Ich wollte Dir etwas schenken, ein Stück Deiner Geschichte mit mir. Wie kann ich sie Dir zukommen lassen?

Vielleicht hast Du mir über die Schulter geschaut, während ich sie schrieb. Du kannst ja lesen.

Ich wüßte so gern Deine Geschichte aus Deinem Mund, Deiner Feder. Vielleicht hast Du sie auch geschrieben, aber ich kann Deine »Geheimschrift« noch nicht lesen. Du bist jetzt weiter als ich. Darf ich irgendwann kommen und mir beibringen lassen, was Du schon weißt?

## *An Jaqueline*

Hatten Deine Eltern wohl an Jaqueline Kennedy gedacht, als sie Dir Deinen Namen gaben? Oder hatten sie nur seinen Klang schön gefunden und gewünscht, daß auch Du schön wirst? Was hatten sie wohl für Dich phantasiert?

»Ja-que-line« klingt es in meinen Ohren. Ich kann diesen Namen nicht zusammenbringen mit dem glatzköpfigen Baby, das da in der Ecke des Gitterbettchens sitzt. Du schreist mit einer keinem Klang zuzuordnenden Stimme, als hättest Du eine Platte in Dir, die schon hunderte von Malen abgespielt wurde...

Drei große Gestalten in Weiß sind sprachlos über Dich gebeugt, stöpseln Schläuche zusammen, die in Deinen kleinen Körper führen.

Du irritierst sie bei der Arbeit, die sie gut machen wollen, aber Deine kleinen Babyfinger, die sich voller Angst dazwischen mischen, treiben ihnen den Schweiß auf die Stirn.

Durch einen kleinen Spalt in den Gitterstäben Deines Käfigs schaue ich in Dein Gesicht: Qualmaske für diese immer wiederkehrende Prozedur.

Als die drei weißen Gestalten – wie groß und überwältigend müssen sie Dir erscheinen! – Dich freigeben, bist Du bewegungslos und stumm. Der Ausdruck allen Leids steht wie eingefroren in Deinem blassen Gesicht.

Kalt drängen sich die Gitterstäbe an meine Stirn. Meine Hand, die Dein nacktes Köpfchen streichelt, berührt nur eine Hülle, Dein Blick ist der von blinden Augen. Ich erschrecke vor Deiner Würde und Entrücktheit und fühle mich schuldig, denn ich gehöre ja zu denen jenseits der Gitterstäbe.

Nichts ist in Deinem Bett, kein Stofftier, kein Tuch. Jemand hat Dir ein paar Legos ins Bett gekippt. Du hast Dich offenbar damit abgefunden, ohne Trost zu sein. Ohne ein einziges Wort, ohne Laut drückt Dein Gesichtchen die unermeßliche, unvermittelbare Erfahrung der Gequälten aus.

Ich schaue weg. Als meine Augen zu Dir zurückkehren, finden sie vor, was sie verlassen haben.

Ich kann die Sprache Deines Antlitzes nicht ertragen. Mit Worten kann man Inhalte verpacken. Sie transportieren sie auf den Schienen der Zeit, aber Du mutest mir das ganze Schicksal Deiner Existenz in einem Augenblick zu!

Aber auf dem dunkelsten Grund meiner Not um Dich schimmert plötzlich ein Fünkchen Hoffnung auf. Ich baue zwei Legos zusammen, balanciere sie auf einem Finger zu Dir durch die Gitterstäbe. Mechanisch greifst Du nach ihnen und läßt sie sofort wieder fallen.

Ich baue zwei neue zusammen und transportiere sie auf gleiche Weise zu Dir. Du nimmst sie und läßt sie fallen. Beim fünften Mal huscht eine winzige Aufmerksamkeit über Dein Gesicht, Du läßt Deine Hand eine Sekunde stocken, dann greifen Deine kleinen Finger mein Angebot, und das Nehmen und Fallenlassen wird fast schon ein Spiel. Beim zehnten Mal legst Du Dein Köpfchen zurück und Deinem geöffneten Mund entquillt ein heiseres krächzendes Geräusch.

So machen wir es weiter: hinübertransportieren und fallen lassen ...

Die Steine aus meiner Welt sammeln sich in Deiner. Wenn alle bei Dir sind, schiebst du sie vehement zurück, und das Spiel beginnt von neuem: geben und nehmen, geben und nehmen.

Wer gibt? Wer nimmt?

Das schreckliche Geräusch aus Deinem Mund wird immer mehr zum Lachen. Wir lachen beide und teilen unsere Welten miteinander.

Die meine wird viel größer mit Deiner. Sie scheint mir kostbar, obwohl ich das nicht verstehe, möchte ich doch auf keinen Fall in Deiner Lage sein.

Irgendwann ist Dein kleiner Körper zurückgekippt, Dein haarloses Köpfchen ruhte wie eine Perle auf dem Kissen, und Dein Gesicht war nicht mehr das eines Greises, der alle Not der Welt kennt, sondern das eines schlafenden Babys.

## *An Kira*

Noch einmal sah ich Dich, zusammengekrümmt in diesem hohen Krankenbett, losgelöst vom Boden, zu körperlos, ihn zu erreichen. Sauerstoff strömte Dir zu durch den durchsichtigen Plastikschlauch, jede Bewegung kostete Dich Leben.

Die Bilder, die Du bei meinem letzten Besuch maltest, lagen noch immer auf dem Tisch neben dem unangerührtem Essen, fliehende Wolken, welche Unruhe, aber vollkommen lautlos, nur dahintreibende Bewegung, so wie Dein zartes Leben getrieben vom Zischen des Sauerstoffs.

Wie Du davonströmst!

Ich eile an Deinen Ufern entlang Dir nach, während Dein Körper gekrümmt, regungslos vor Deinem Schlauch liegt, der Dir Leben spendet.

Wer bist Du? Was weiß ich von Dir? Außer, daß Du die Wolken liebst, die am Himmel treiben – und daß Du selber auf dem Weg bist, wohin?

Wie schön Du bist. Gewiß wärst Du eine Braut gewesen, zauberhaft wie Julia mit Deinem fast durchsichtigen Gesicht und dem zarten Lächeln. Nur das Blau Deiner Lippen drückt mir das Herz zusammen, und daß Dein goldenes Haar so an den Schläfen klebt...

Du hast Dich dem Ersticken ergeben, wie jemand, der in die Fluten steigt, um für immer seinen brennenden Schmerz zu löschen und sich in ihren Armen davontragen zu lassen. Ich knie an Deinem Bett nieder, um meine Augen in die Höhe der Deinen zu bringen. Ich betrachte die Wolken, die durch sie hindurchschweben.

Du lächelst.

Als ich gehe, begleitet mich Dein Blick wie ein seidener Faden, spinnwebfein.

Als ich wiederkomme, ist das Laken straff und sauber gespannt. An der Wand, das Sauerstoffgerät, hängt zum weiteren Gebrauch.

Ich knie noch einmal nieder an Deinem Bett und schließe die Augen. Da schweben Deine Wolken durch mich hindurch und machen mich leicht.

Wo bist du jetzt, Kira?

## An Christine

Das weiß schimmernde Oval Deines Gesichtchens brennt Löcher in die Unruhe meiner Tage. In Deinen schwarzen Augen glimmt die Glut der Auflösung. Ich habe mich Deinem rasselnden Atem hingegeben, der Mühsal, die für Dich Leben ist. Als man Dir das Hemd auszog, um Deinen Körper zu klopfen, damit Du nicht erstickst, erschrak ich über die Schlaffheit Deiner Haut, die sich locker, wie ein zu weites Kleid, um Deine Knochen legt, Deinen zu großen Brustkorb umspannt, der sich hebt und senkt und hebt und senkt, als mache er nur mühsam seine Arbeit.

Du lebst! Lautlos gleitest Du durchs Leben, als wolltest Du nicht darauf aufmerksam machen, daß es Dich noch gibt.

Nur manchmal bäumt sich etwas auf in Dir, dann schmückst Du Dein langes, schwarzes Haar mit glitzernden Spangen und ziehst bunte Ringe über Deine zarten Finger, bemalst die Fenster und Türen mit großen Witzfiguren, bis die Stimmen laut werden, die meinen, das alles sei Deinem Zustand nicht angemessen.

Dann gleitest Du zurück in die Erstarrung, läßt Dich hinter dem Hellblau der Krankenhausbettwäsche verschwinden, bis auf die schwarzen Augen, die hinter dieser Festung Pfeile schießen auf alle, die sich nähern.

Ich aber kann die zitternden Trauerträ-
nen dahinter sehen und höre die schluchzende
Bitte:
»So laßt mich doch leben!
Schneidet den Faden nicht ab,
bevor ich ihn nicht selbst gelöst habe.«
Aber ich höre sie tief in Deinem Kehlkopf,
niemals würdest Du ihr erlauben, Deine Lippen
zu übertreten. Zu groß ist Deine Scham, so an-
ders zu sein.
So hilf mir, Dich zu begleiten, wie es gut ist für
Dich und für mich.


*An Sophie*

Als wir telefonierten, sagtest Du, es sei eilig!
Nun sitzt Du dort zwischen meinen Büchern
und baust Mauern aus Worten
so schnell, daß mir der Atem vergeht.
Eine Träne rollt hinter mein Auge,
aber das Kind, das sich hinter den
Worten versteckt,
ist schon verschwunden.
Nur Deine Hände führen einen Tanz
wie unverständliche Morsezeichen.
Du kamst von weit her.
Ist das, was Du wolltest, verlorengegangen,
wird jetzt vom Wind irgendwohin getrieben,
ist unauffindbar?

Die Sonne legt ihre Wange auf die Stuhllehne,
da glüht sie auf, bernsteinfarben.
Die Vögel haben ihr Lied wiedergefunden,
singen es sich vor, einer dem anderen.
Ein Ei vom letzten Jahr ließen sie liegen,
nun ist es leicht, wie eine Feder.
Du suchtest bei mir den Stein der Weisen,
aber die Weisheit ist flüchtig wie ein Duft
und schwebt, wohin sie will.
Wer sie festhalten will, zerbricht sie.
Eine gelbe Tulpe auf meinem Tisch
wirft ein Blatt auf die Decke,
dort liegt es wie ein Boot aus Hauch.
Wenn Du Fragen hättest, könnten wir sie mit
dem Boot übers Meer schicken,
bekämen vielleicht Antwort von
fernen Gestaden,
aber Du hast Deine Antworten schon
mitgebracht,
hast sie zu einem Lorbeerkranz gebunden,
der sitzt nun über Deinen Augen und macht
Dich blind.
Ich habe Dir zwei Stunden meines
Lebens geschenkt,
Du hast sie fallengelassen,
nun rollen sie auf den Boden,
versickern im Gestrüpp der Worte.
Wenn ich nur Deine Sprache verstünde!
Die kleine rote Windmühle auf meinem Balkon
bringt mir drei Stunden zurück,

die Sonne scheint lustig durch ihre
kleinen Ohren,
ich schenke Dir eine halbe Stunde davon.
Aber sie rutscht Dir aus den Kleidern,
als Du aufstehst.
Eine lange schwarze Schleppe schleift hinter Dir
die Treppe hinunter.
Das »sehr interessant!« aus Deinem
zurückgewandten
Gesicht reißt ein Loch in mein Herz, läßt
meinen Atem stocken.
So schwebst du davon wie eine
Königin der Nacht,
hast alle Schwere bei mir abgeladen.
Ich möchte Dich zurückrufen, möchte
Dir sagen,
daß in manchen unscheinbaren Steinen
ein glitzernder Schatz verborgen sein kann
und daß wir versuchen könnten,
ihn zu entdecken,
aber der Schall der ins Schloß fallenden
Haustür setzt hinter unsere Begegnung
den Schlußpunkt.
Und wenn ich in all dem Geröll,
das Du mir vor die Füße kipptest,
etwas Kostbares fände,
wie könnte ich Dich erreichen,
um es Dir zurückzugeben?

## Trilogie

*»... und konnten zusammen nicht kommen ...«*

Das Rollo, das die Mutter mit schneller Bewegung heruntergezogen hatte, verschluckte mit einem Ruck alles Licht und überließ das Zimmer der Finsternis. Die Mutter schloß die Tür hinter sich. Das Kind war allein. Als die Dunkelheit nach ihm griff, richtete es sich auf, hielt sich mit beiden Händen am Gitterbettchen fest wie ein Seemann an der Reeling auf tosendem Meer, bis es den hellen Stern entdeckt hatte, den Hoffnungs- und Orientierungsstern, den jeder von uns braucht, um nicht unterzugehen: Durch das kleine Loch in dem dunklen Rollo schickte die Mittagssonne einen zarten Strahl, in dem winzige Staubkörnchen auf- und abschwebten wie Engel auf der Jacobsleiter. Das Kind war gerettet.

Immer hatte es so dagestanden, wenn die Mutter hereinkam. Immer hatte sie sich besiegt gefühlt von diesem kleinen Wesen und seinem ernsten Gesicht mit den großen Augen, die sie aufmerksam anschauten und ihr diffuse Schuldgefühle machten. Sie ahnte nicht, daß das Kind mit letzter Kraft durch das Land der Dunkelheit gesegelt war.

Sie war eine gute Mutter, die nur das Richtige wollte. Dazu gehörte der Mittagsschlaf einer Dreijährigen. Der Körper, aber auch die Seele, brauchte diese Unterbrechung in der Mitte des Tages. Wenn sie das Kind hinlegte, sprach sie mit sanften Tönen zu ihm, sang sogar manchmal noch ein Lied. Ihre Gereiztheit bemerkte sie nicht. Diesmal blieb das Kind liegen, suchte mit geschlossenen Augen nach der sanften, tröstenden Helligkeit. Ein Schimmer davon tauchte aus dem Dunkel wieder auf. Ein tiefer, erleichterter Seufzer entrang sich der kleinen Brust, dann stieg eine Melodie in seinem Innern auf, durchflutete seinen Hals, bis es über seine Lippen sprang:
»Alle meine Entchen schwimmen auf dem See...« Da war der See im Park im Sonnenlicht und die Mutter, wie sie dem Kind Brotstückchen in die Hand gab, damit es die Enten füttern konnte. Wie sie es an der Hand hielt, damit es nicht hineinfiel. Es war eine andere Mutter, die dabei »Alle meine Entchen...« sang. Sie war schön in ihrem weißen Kleid und lieb, und auch das Kind wurde schön und lieb. Das war jetzt alles da. Das Kind lag still und betrachtete im verbliebenen Licht die schöne »Mutter-Kind-Welt«, während sich sein kleiner Körper entspannte. Als sich die Tür schließlich öffnete und der entstehende Luftzug resignierte Genervtheit herüber wehte, während die Mutter mit gezieltem Schritt zum Fenster strebte, um mit einem Ruck das

Rollo hochschnellen zu lassen, so daß das Sonnenlicht über das Dunkel hereinbrach und es in einem Augenblick vertilgte, fand sie das Kind zum ersten Mal liegend vor und erschrak über den glücklichen Schimmer, der über seinem Gesicht lag.

Hatte sie endlich gesiegt, die Mutter? War der Wille des Kindes gebrochen? Aber dann hätte es ihr seine Ärmchen entgegenstrecken sollen, als Zeichen eines neuen Bündnisses. Den Bruchteil einer Schrecksekunde traf es sie wie ein Nadelstich: Sollte sie es verloren haben? Aber an wen oder was? Mit einem Schwung hob sie es aus dem Bett und stellte es auf den Teppich.

Als die junge Frau im weißen Kleid – fast immer trug sie weiße Kleider mit einem weißen, zartrosa oder hellblauen Hut – mit dem kleinen Mädchen – ebenfalls in einem weißen, mit kleinen Streublümchen bestickten Organzakleidchen – an der einen, einem Beutelchen zuvor geschnittenen harten Brotes in der anderen Hand am See entlang ging, war das den Leuten schon ein vertrauter Anblick. Auch für die junge Mutter war es ein Nachmittag unter anderen, was sich immer wiederholte und weder schlecht noch gut war, weil ihre Seele sich woanders hinsehnte, aber das konnte keiner merken, davon war sie überzeugt. Gelassen und freundlich achtete sie auf das Kind, nickte hin und wieder Leuten zu, die sie grüßten. Nur das Kind riß sie manchmal aus ihrem Sehnsuchtsland, dann lebten sie ein Weilchen gemeinsam im Land der Enten und freuten sich.

An diesem Nachmittag war das Kind seltsam still. Als sie am Wasser hockten und die Mutter ihm die kleinen viereckigen Brotbröckchen in die Hand gab, sang es selber mit seiner hohen Stimme leise: »Alle meine Entchen...« Sie nahm den Hut vom Kopf und legte ihn neben sich über die Gänseblümchen und sah zu, wie ein schillernder Erpel seiner braunen Entenfrau – oder war sie es nicht? – in den Hals biß und auf sie sprang, um ihr das letzte Stückchen Brot abzujagen. Das Wasser schäumte um sie herum auf. Etwas in der jungen Frau brauste auch auf und führte sie zurück in ihr Sehnsuchtsland.

Plötzlich schrak sie auf. Wo war das Kind? Sie hörte es nicht. Es saß neben ihr und schaute auf das Wasser. »Was machst du?« fragte die Mutter und fühlte neben der Erleichterung, daß alles in Ordnung war, ein Unbehagen in sich aufsteigen wegen der Schuldgefühle, die, wie manches Mal, unerwartet wie ein Geysir aus der Tiefe heraufstiegen.

»Was machst du?« fragte sie noch einmal ihre Tochter. Die deutete mit ihrem kleinen Zeigefinger auf den See. Die Enten waren weggeschwommen. Die Mutter schaute, sah nichts und sagte freundlich: »Ach, ja.« Das Kind blickte mit verklärtem Gesicht auf einen Fleck, der das Sonnenlicht glitzernd spiegelte. Die Mutter war schon lange wieder in ihr Sehnsuchtsland zurückgekehrt. Auch das Kind hatte sein Land des Lichts gefunden und lebte allein darin. Es hatte alles, was es gegen die bedrohliche Finsternis brauchte.

Sie saßen eng beieinander, schauten auf den See, der vor ihnen lag. Niemand hätte ahnen können, daß sie in zwei Welten lebten, die große und die kleine weiße Frau.

## *Die russische Puppe*

Sie hätte so gern gesprochen, aber die noch ungeborenen Worte saßen in ihrer Kehle, füllten im Nu ihren Brustkorb, quetschten ihre Lunge ein, blockierten ihr Herz. Leere im Kopf wie ein großes, noch unbezogenes Haus. Nur eine winzig kleine Stimme, die niemand hören konnte, flehte: »Bitte, ich möchte etwas sagen.« Wenn sie jemand gefragt hätte, was sie denn sagen wolle, wäre sie verstummt. Längst schon, bevor jemand diese Frage hätte aussprechen können, denn der Nebel, der sich über sie wälzte, erstickte alles. So war es immer gewesen.

Die Frau saß kerzengerade da, ihr milchblondes Haar umrahmte ihr verletzliches Gesicht. Zum Schutz hatte sie die Maske der Unbeweglichkeit darüber gezogen. Ihre Augen schauten mit dem

Ausdruck der Blindheit auf etwas, das weit hinter allem Sichtbaren verborgen war. Ihre Hände unklammerten die Stuhllehnen, als erwarte sie etwas, aber das Gefühl, dem sie hinterherlief, war verflogen. Nur der Stau in ihrer Kehle erinnerte sie wie von weitem an etwas, aber an was? Dann war auch diese Ahnung verschwunden, und das, was da saß, war wie der zurückgelassene Kokon, aus dem ein Schmetterling geschlüpft ist.

Der Schmetterling, ihre Lebendigkeit, war weggeflogen, weit weg. Manchmal im Leben streifte sein Flügelschlag ihre Erinnerung. Ihre geöffneten Augen schauten die Welt wie hinter Panzerglas, dann entfernte sie sich von ihr bis in ein undefinierbares Nirgend, wo es keine Geräusche, keine Gerüche, überhaupt keine Empfindungen mehr gab.

Wenn sie auf Menschen traf, so waren es Fremde. Überall, wo sie auftauchte, dehnte sich die Stummheit aus, die aus ihr herausquoll in Gegenwart anderer, die schwappte dann wie eine riesige Woge auf sie zurück, während die anderen sich Lichtjahre von ihr entfernten, sie zurückließen im Universum, in dem sie orientierungslos herumtaumelte.

Manchmal schlüpfte sie in das schillernde Kostüm der Genialen. Dann wurde sie von den Menschen angeschaut, weil sie deren Bedürfnis nach Exotik entsprach, und die klugen Sätze, die ihr Kopf produzierte, deren Eitelkeit schmeichelten. Aber irgendwann fiel sie aus dieser Verkleidung heraus, mußte fliehen wie jemand, der plötzlich entdeckt, daß er nackt ist.

Aber die Nacktheit allein war es nicht, die hätte sich wohl aushalten lassen. Doch was wäre, wenn ihr auch diese wie die Hülle einer russischen Puppe genommen würde – und noch eine, und noch eine?

Was würde am Ende übrig bleiben?

*Im Auge des Himmels*

Das Gesicht war wie ein unbekanntes Bild gewesen. Daß es nicht in ihr war, sondern ihr gegenüber, wurde ihr wie ein langsames Erwachen bewußt. Es war ihr zugewandt, unbewegt, ernst. Sie schaute wie eine Verdurstende, sog es in sich hinein, aber das Gesicht blieb in der gleichen Entfernung von ihr, unnahbar und nah zugleich. Sie neigte sich ein wenig zurück, damit es sein Gegenübersein nicht verlor. Ungläubig schloß sie die Augen. Im Dämmer hinter den Lidern kroch die Angst herauf. Sie wagte nicht, die Augen zu öffnen. Was wäre, wenn das Gesicht verschwunden wäre, sich als Fatamorgana sehnsüchtiger Einbildung erwiese? Angst schoß wie ein Pfeil durch ihren Körper. Aber als sie schließlich die Augen geöffnet hatte, war das Gesicht noch immer da gewesen, hatte sie noch immer angeschaut. Diesmal wahrte sie den Abstand, schaute nur, schaute in die große Stille, und es schien ihr, als schwebe ein leises Lächeln in sie. Da hörte sie, wie eine kleine Stimme in ihr anfing zu singen, kaum hörbar mit verwehendem Klang in das stille Gesicht hinein. Sie sang und sang. Schließlich war es ein Schluchzen, das immer stärker wurde, und sie, die die kleine Stimme beherbergte, fing an zu beben. Sie flehte die kleine Stimme an, zu schweigen. Das stille Gesicht würde weggehen, würde verschwinden. Niemand kann etwas mit einer schluchzenden Stimme anfangen. Zumindest müßte sie einen Grund benennen. Das Gegenüber könnte sonst denken, es sei schuld, und das sei absurd, und es würde dann gewiß gehen. Aber die kleine Stimme war vom Schluchzen ganz ergriffen, und das Gesicht blieb.

Sie betrachteten einander, fast atemlos, schweigend, wie nur kleine Kinder Erwachsene anschauen können – unverwandt – Ahnung von Ewigkeit.

Da hörte sie, wie sie anfing zu sprechen. War sie es, oder die kleine Stimme? Oder die kleine Stimme in ihr, aber sie adoptierte sie als ihr zugehörig. Sie erzählte – durfte sie das? Es war nicht die Frage, ob sie es dem stillen Gesicht erzählen durfte, denn das war so offen, daß ein Sog entstand, ein Hoffnungssog, ihm alles anzuvertrauen. Es war eher die Frage, ob sie überhaupt aus ihrem Schweigen heraustreten dürfe, ob sie das Recht habe, Aufmerksamkeit und Mitgefühl für sich in Anspruch zu nehmen. Sie schloß die Augen, und ihr schien, als schösse sie mit Lichtgeschwindigkeit durch das All, ohne Ziel, nur weg! Weg von was? Weit weg von einer Hoffnung, die enttäuscht werden könnte. Aber etwas zog sie zurück. Als sie die Augen wieder öffnete, war das Gegenüber noch immer da, und sie hörte die kleine Stimme singen. Wieder flog ein Lächeln in ihr Herz. Sie spürte, wie eine heitere Wärme über ihren Rücken floß, und sie lauschte den Worten hinterher, die ihre Lippen formten. Es war uralte Klage, Klage der Menschheit und doch immer neu. Sie versackte nicht wie sonst, wenn sie versucht hatte, sie anzustimmen. Sie wurde ihr nicht wie spitze Pfeile ins Antlitz zurückgeschleudert, wie sie es kannte. Die Stimme wurde groß und voll, sanft und stark, lieblich und erschütternd, wie von alten Wänden aufgenommen, die schon vieles geborgen hatten und sie mit den Klängen der anderen, die sich in diesen Mauern aufgehalten hatten, angereichert zurücktönen ließen und sie nun umflossen wie ein lebendiger Strom. Sie richtete sich auf, wie eine Blume, deren Wurzeln das Wasser erreicht hatten. Sie lauschte den Klängen ihrer eigenen Worte und fühlte immer neue aus sich herausströmen, spürte sie auf ihrer Haut und sah sie im Antlitz des anderen sich zu einem tiefen See versammeln. Sie sprach und sprach, Sätze, die sie nicht kannte. Wie das Delta eines großen Stromes umschlossen sie Bedeutungen, schufen Zusammenhänge, rissen Gefühle auf, leidvolle und schöne, wie Dornenbüsche, die die Beine zerkratzen, Röcke zerfetzen und wie Blumen, die mit ihren Farben und ihrem Duft Seligkeiten schaffen. Aber woher sie auch kamen, wie sehr sie sich auch verzweigten, immer kamen sie im Antlitz des Stillen an, der mit seiner Aufmerksamkeit alles sammelte.

Sie schaute in seine dunklen Augen, betrachtete seinen schweigenden Mund. Der See ihrer Worte war hinter seiner hohen Stirn verschwunden und hatte ihr Leid und ihre Freude mit sich genommen. Seine Stille floß in sie. Sogar die kleine Stimme schwieg.

Das Plätschern der Wellen, die um ihre Füße tanzten, ließ sie glücklich sein. Sie legte den Kopf zurück und lachte. Wie ein großes weißes Band flog ihr Lachen über den See. Sie ließ sich von dem Stein, auf dem sie saß, ins Wasser gleiten und stand bis über die Knie im See. Ihr Kleid wurde schwer vom Wasser. Sein helles Blau färbte sich dunkel. Sie lachte noch immer und ging einige Schritte weiter hinein. Jetzt ging es ihr bis zum Gürtel. Sie neigte sich zur Seite und ließ sich ganz hineingleiten. Auf dem Rücken liegend, ließ sie sich mit geschlossenen Augen tragen und wiegen. Der Wind kühlte ihre geöffneten Augen. Der

Himmel war wolkenlos hellblau, unendliche Weite.

Die kleine Stimme begann von neuem, zuerst ganz leise, wie vor langer Zeit: »Alle meine Entchen...«. Ein glitzernder Sonnenstrahl auf dem Wasser verscheuchte die letzte Bitternis in ihrer Seele. Dann sang sie lauter: »Weißt du, wieviel Sternlein stehen? Weißt du, wieviel Wolken gehen? Weißt du ...«

Die Welt schien ihr so groß und schön, so herrlich und vielfältig, und sie war mitten darin, gewiegt vom Wasser. Sie sang und sang, und das große Himmelsauge breitete sich über ihr aus, umfaßte sie ganz. In seinem Blick spiegelte sich die ganze Welt in ihr.

*Alles kann zum Zeichen von etwas
Umfassenderem werden*

Mein Enkel Robin liebte es zwischen seinem dritten und vierten Lebensjahr, Briefumschläge zu machen. Aus Zeitungs- oder Packpapier, weggeworfenem Einwickelpapier oder Stoffresten bastelte er mit großem Eifer Umhüllungen für ein Fetzchen bekritzeltes Papier, einen Holzspan, einen Knopf oder ein Stückchen Glas oder einen Stein oder was auch immer er für versendenswert hielt. Diese Umschläge waren vielfach gefaltet und verklebt mit Uhu oder Tesafilm und zusätzlich mit einem Stückchen zuvor gesammelten Band verschnürt. Robin war ein leidenschaftlicher Verpackungskünstler. Wenn ich einen solchen Brief etwa einmal zu unachtsam öffnete, um an den Inhalt – das angeblich Eigentliche – zu kommen, sah ich tiefe Enttäuschung in seinem Gesicht. Ich glaube, manchmal wußte er nicht mehr, was er eingepackt hatte, weil die Umhüllung das Wesentliche für ihn war.

Ich habe noch immer einige dieser verklebten, bekritzelten, vielfach gefalteten Briefchen. Ich habe sie nicht geöffnet, so wie man den verpackten Reichstag nicht enthüllen würde, wenn man ihn denn geschenkt bekäme, denn die Kunst – bei

Robin seine ganze Liebe – liegt eben in der Umhüllung.

Seitdem habe ich eine neue Beziehung zu Briefumschlägen bekommen. Sie sind für mich nicht mehr Mittel zum Zweck, sondern Informationsträger ganz besonderer Art und ein Appell an meine Aufmerksamkeit.

Vielleicht sind sie wie die Suppe innerhalb eines Menüs, aufgrund derer sich das, was noch kommen wird, erahnen läßt. Man muß lernen, seine Neugier zu zügeln, damit man den zarten Vorgeschmack wahrnehmen kann. Man sollte mit Muße die auftauchenden Phantasien und die Gefühle und Empfindungen wahrnehmen, die beim Betrachten dieser kleinen und größeren Rechtecke entstehen.

Manch einer mag jetzt denken, daß ich reichlich übertreibe, denn es gibt ja weiß Gott Wichtigeres, wohin man seine Aufmerksamkeit richten könnte, als gerade auf Briefumschläge. Damit hat derjenige recht und dann wieder auch nicht, denn es geht auch mir nicht in erster Linie um die Briefumschläge. Sie sind – und da widerspreche ich dem, was ich oben dargelegt habe – »Mittel zum Zweck«, allerdings nicht als Transporteur eines Inhaltes als vielmehr »Mittel zur Aufmerksamkeit«.

In unserer Zeit spielt Aufmerksamkeit eine wichtige Rolle. Wer Erfolg haben will, muß das fachspezifische Geschehen aufmerksam »verfolgen«, muß Informationen sammeln und sie auswerten, damit sein Handeln effizient ist. Aber diese funktionale Aufmerksamkeit meine ich nicht.

Es geht mir eher um eine »freischwebende« Aufmerksamkeit, wie Sigmund Freud sie nannte, die eine Haltung ausdrückt, die von Achtung dem anderen gegenüber bestimmt wird, einer Person, der Natur, einem Ding oder einem Vorgang. Der oder das andere darf sich erst einmal äußern. Erst wenn diese Äußerung aufmerksam wahrgenommen wird, kann eine Resonanz im Betrachter entstehen, die dieser wiederum anschauen kann.

In einer Zeit der schnellen Faxe und E-Mails droht die Briefkultur in die Bedeutungslosigkeit zu versinken. Der Spannungsbogen der sehnsuchtsvollen Erwartung auf eines dieser kleinen Geheimnisträger ist längst zusammengebrochen, ist doch die Zeit zwischen dem Gedanken und seiner Mitteilung auf ein Minimum geschrumpft. Briefe sind ein Auslaufmodell. Dabei will ich mich aber noch nicht einmal mit den Briefen selber beschäftigen, sondern mit ihrer Verpackung, dem »Couvert«.

Und das wiederum auch nicht, um einen Überblick zu geben, sondern weil die Couverts zu den Dingen gehören, die man normalerweise kaum beachtet, die aber durchaus Mitteilungen transportieren, die im Empfänger etwas auslösen, weil der Schreiber oder Versender des Briefes bei der Wahl des Couverts, der Beschriftung, der Entscheidung, mit welcher Marke er es versehen will, etwas sagt. In der Anordnung von Schrift und Marke, der Farbe, Größe und Materialität, können sich Liebe, Wertschätzung, Gleichgültigkeit, sogar Verachtung und vieles mehr ausdrücken. Man kann es feststellen, wenn man die Zeit zwischen Empfang und Öffnung einmal in Zeitlupe ablaufen läßt, um das Couvert auf sich wirken zu lassen und diese Wirkung in sich zu betrachten. Es gibt genügend Dinge, die unsere Aufmerksamkeit wie mit einem Paukenschlag erzwingen. Die Couverts sind eher wie ein leises Zimbelspiel, aber wie könnte man sein Ohr besser schulen als mit leisen Tönen?

Wer seine Aufmerksamkeit in dieser Weise trainiert, ist ein gleitender Wanderer zwischen den Zeiten, zwischen Außen- und Innenwelt, zwischen Ding und Mensch, zwischen Welt und Gott, weil alles zum Zeichen von etwas Umfassenderem werden kann und das Leben reicher und bunter macht und zugleich zum Spiel wird, indem wir uns neu- oder wiederentdecke können.

Ein Beispiel: Ich entnehme meinem Briefkasten einen ordentlichen weißen Briefumschlag, auf dem mit steiler, großer Schrift meine Adresse steht. Die Briefmarke ist eine jener, die man aus dem Automaten holt. Beim Anschauen kommen

Erinnerungen an eine von mir sehr gehaßte Englischlehrerin aus der Klasse 5, die in solch einer Schrift immer abwertende Urteile in meine Hefte schrieb. Ungute Gefühle tauchen auf, ein Impuls, den Brief wieder in den Kasten gleiten zu lassen. Ich mache mir bewußt, daß heute nicht damals ist, und schaue auf den Absender. Der Brief kommt von der ältesten Freundin meiner Mutter, die ich unter anderem wegen ihres Humors liebe. Damals schrieb man wohl so. Auf einmal kommen ganz andere Bilder hoch, heitere, schöne Kindheitsbilder. Zwei Wirklichkeiten meines Kindseins verknüpfen sich und bringen jeweils ein Stück meiner Geschichte zurück.

Der französische Schriftsteller und Philosoph Jaques Lusseyran sagt: »Das jedem zugängliche Mittel, womit uns die Wirklichkeit erreicht, ist die Aufmerksamkeit. Die Aufmerksamkeit ist keine Tugend der Intelligenz oder das Ergebnis von Erziehung, worauf man auch verzichten könnte, sie ist der Zustand des Seins, ohne den wir nie fähig wären, vollkommen zu sein. Sie ist im eigentlichen Sinn der *Horchwinkel des Universums.*«

Kann man es bedeutsamer ausdrücken?

Nehmen wir also die kleinen und größeren Mitteilungsträger wie bei einer Ausstellung in den Blick. Als erstes sprechen einen wohl die schönen bunten Umschläge an, die es heutzutage gibt. Es scheint so, als würde mit dem langsamen Aussterben der Briefe eine farbenfrohe Gegenbewegung einsetzen. Da prangen sie in sattem Rot oder Orange, im Kornblumenhellblau oder Nachthimmeldunkelblau, in leuchtendem Sonnengelb, Grasgrün, in Kardinalsrot und Königsviolett, sogar in Schwarz (ein schwarzes Schaf?). Sie fordern neue Farbstifte heraus, nicht selten gold oder weiß auf dunklem Untergrund. Die Schrift ist nicht irgendwie hineingeschmiert oder mit dem Computer geschrieben. Die Schreiber scheinen sich an frühere Schönschriftübungen erinnert zu haben, und der eigene Name sieht auf einmal so schön und bedeutsam aus, daß einem ganz vornehm zumute wird. Auch die Briefmarke ist nicht irgendeine, und keinesfalls stammt sie aus einem Automaten. Manchmal prangt sie wie ein Familienwappen oder ein Königssiegel in der oberen rechten Ecke. Der Absender steht auf der Rückseite in selbstbewußten Zügen. Man möchte gern mit ihm in Kontakt treten. So ein Couvert reißt man nicht auf. Es würde sich widersetzen, man öffnet es mit einem guten Brieföffner oder scharfen Messer, so daß seine Schönheit kaum angerührt wird. Bevor man den ebenfalls farbigen Brief entnimmt, brüht man sich vielleicht erst noch einen duftenden Tee oder Kaffee, währenddessen man das ein wenig gewichtige Couvert mit Wohlwollen betrachtet, trägt dann beides zu einem gemütlichen Sessel, in dem man sich schließlich genüßlich der Lektüre hingibt.

Aber leider gibt es nicht nur diese. Meistens stapeln sich im Briefkasten solche, die man am liebsten drinlassen würde. Vielleicht sollte man gegen sie protestieren, ihre Annahme verweigern; denn sie tragen nicht zur Schönheit des Lebens bei. Das sind einmal die länglichen Weißen oder Grauweißen mit Sichtfenster, hinter dem steif und unpersönlich, dafür aber makellos genau die Adresse steht. Statt einer Marke ist ein Befehl aufgedruckt: »Gleich öffnen. Persönliche Dokumente.« Wenn man die aufreißt, wandern einem sinnlose Zeichen durchs Hirn, breiten sich in endlosen Reihen aus und trampeln alle Hoffnungen nieder. Je nichtssagender ihr Inhalt ist, desto raffinierter versuchen sie, den Empfänger zu verführen.

Eine ähnliche Sorte, vielleicht sogar noch unangenehmer, sind die gelblichen, die so angekränkelt aussehen, als hätten sie ihr Leben in Kellern verbracht und die Aufschrift: »Persönliche Personalsache« sei nur wie ein letzter Husten, bevor sie ihren Geist aufgeben und ihre kümmerliche Briefseele entschwebt. Auch die sollte man eigentlich nicht annehmen. Aber nicht selten sind in ihnen scheinbar wichtige Mitteilungen verborgen. Da hilft nur Auswandern ohne Zielbekanntgabe. Ansonsten würde man vielleicht dafür, daß man sie nicht zur Kenntnis nimmt, bestraft werden.

Manchmal habe ich versucht, einen solchen Brief einfach zu übersehen oder ihn zwischen alten Zeitungen verschwinden zu lassen; aber garantiert kommt dann eine schriftliche Mahnung oder eine telefonische Nachfrage. Das Ganze wird einem noch einmal zugesandt. Der Druck wächst, das stolze Selbstwertgefühl bröckelt. Würde man sich nicht am liebsten hinter irgendeinem dicken Sessel verstecken? Aber man ist ja kein Kind mehr.

Nur Mut! Ein wütender Zeigefinger reißt das häßliche Ding auf. Eine zerfetzte Kante entsteht und wird auf einmal spannend, so, als würde das belanglose Etwas in seiner Verwundung ein Stück unverwechselbaren Charakters gewinnen, und statt im Abfalleimer landet es in einer Sammelmappe, in der schon andere Papierfetzen sind, die dort ihrer weiteren Verarbeitung harren.

Wenn sich dann irgendwann die Mappe öffnet, kann man sicher sein, einem aufmerksamen statt einem verachtenden Blick zu begegnen. Ein Zwiegespräch beginnt. Erinnerungen an eigene Verletzungen sind plötzlich präsent, ich spüre Bedauern für das zerfetzte Geschöpf.

Schließlich gibt es da noch die großen ockerfarbenen Schutzhüllen, in denen sich DIN A4 Bögen gelassen ausstrecken können. Die Briefmarkenentwertungsrolle nutzt diesen Platz nicht selten, um ihre Wellen wie das Meer auf einem weiten Strand auslaufen zu lassen. Ruhe schwingt einem da entgegen und Raum, der sich noch gestalten läßt. Als Kind hatte ich kein Zeichenpapier. Wie ein Fuchs auf der Lauer liegt, um ein Huhn zu ergattern, lag ich auf der Lauer, um keine freie Papierfläche zu übersehen wie Zeitungsränder, eine geglättete Mehltüte, die damals blaugrau war, oder ein sorgsam wieder glatt gestrichenes Butterbrotpapier. Noch heute lockt mich ein freier Raum, ihn zu bekritzeln oder zu bekleben.

Die großen Umschläge gibt es in drei Ausführungen:

1. Die dünnen, nur aus Papier, in ocker oder weiß. Die sind nicht sehr stabil, biegen sich oft wie ein zu schnell hochgeschossener Jugendlicher, schlaksig, noch ohne rechtes Rückgrat. Wenn man Glück hat, kommen sie heil an und sind sparsam beschrieben, so daß viel Platz zum Weitergestalten bleibt.
Die weißen inspirieren mich meistens zu griesgrämigen Themen, die ich mit achtsamer Ästhetik in der Balance zu halten bemüht bin. Ocker als Hintergrund eignet sich mehr für Festliches, manchmal auch Lustiges, und ich fühle mich nicht selten zu Farbenschwelgereien verleitet. Manchmal beneide ich sie dann um ihre neue Schönheit und wünsche mir, es käme jemand, der auch mir ein so vorteilhaftes Aussehen verleihen könnte.

2. Die zweite Sorte sind die, die einen Papphintergrund haben. Sie erinnern mich an junge Bankangestellte mit Rückgrat und anständiger Kleidung. Sie kommen meist heil an, und man ist ihnen dankbar, weil sie den Inhalt gut geschützt haben.
3. Die dritte Sorte sind die Gefütterten. Weich, wie in einem Federbett, liegt das, was sie transportieren. Manchmal würde ich gern selber in sie hineinschlüpfen, vor Stößen und Puffen optimal gesichert, gewiß auch vor Lärm geschützt – intra-uterin sozusagen.
Und so von einem Ort zum anderen, sicher transportiert trotz Umweltkatastrophen! Aus irgendeinem Grund reizt es mich immer, ihre Oberfläche anzukratzen und darunter die mit Luft gefüllten kleinen runden Kammern freizulegen, die, wenn man kräftig auf sie drückt, mit einem hellen Knall zerplatzen.

Ich weiß nicht genau, ist es das Mißtrauen gegen die absolute Sicherheit, die sie verheißen, oder nur die Neugier meines inneren Kindes, das wissen will, was dahintersteckt? Vielleicht ist es aber auch die Mehrschichtigkeit, die mich reizt, sie aufzudecken, so wie bei Menschen, deren äußeres Erscheinungsbild eben nur die Oberfläche ihrer vielschichtigen Wirklichkeit ist. Und ist es nicht so, daß oft nur Verletzungen diese tieferen Ebenen sichtbar machen können?

Ein Glückstag, wenn man im Briefkasten eines jener edlen Geschöpfe findet aus handgeschöpftem Papier, die man zuerst mit geschlossenen Augen, mit den Fingerspitzen betrachten sollte, um lustvoll, so wie man einen guten Wein erst mit der Nase inhaliert, seine Oberfläche und sein Gewicht zu ertasten. Nicht selten sind sie elfengleich leicht und knistern ein wenig zwischen Zeigefinger und Daumen. Die Absender solcher Couverts sind nicht selten Ästheten, beherrschen vielleicht verschiedene Sprachen oder sammeln Kunst. Wenn der Empfänger sie öffnet, fällt ein Stück Welt in seine Hände, und der Tag, an dem sie ankommen, steht unter einem guten Omen.

Enkel können, wie man sieht, Großmütter etwas lehren. Es waren die verklebten, verkleisterten, verschnürten und bekritzelten Verpackungen von Robin, die mich auf die Mitteilungen, die Couverts transportieren, aufmerksam machten, so wie das Mienenspiel eines Menschen, bevor das erste Wort, der erste Satz über seine Lippen gekommen ist.

Sie bereiten den Empfänger vor auf das, was kommt: manchmal auf eine unangenehme Wirklichkeit; manchmal informieren sie sachlich oder sind die vorauseilende Welle für eine Glücksflut und manches mehr.

*Das Geheimnis der Ordnung*

Die Ordnungsvorstellungen der Menschen sind so unterschiedlich wie jeder einzelne selbst, und nicht selten gibt es deshalb Spannungen in Beziehungen. Wenn ich an meine Kindheit denke, so kann ich noch immer die gebieterische Stimme meiner Mutter hören, während ich, fast erfolgreich, die Schuhe in der Hand, auf Strümpfen bis an die Haustür gelangt war, nur einen Spalt getrennt von der ersehnten Freiheit: »Elisabeth! Komm doch bitte mal!« Und wenn ich dann schuldbewußt vor ihr stand: »Soll das vielleicht aufgeräumt sein?«

Heutzutage würden sich Kinder nicht allzu viel aus einer solchen Frage machen, würden vielleicht sogar »Ja« sagen, aber damals, vor über fünfzig Jahren, war diese Frage wie eine Abiturfrage, und die Augen meiner Mutter signalisierten: durchgefallen! Und es blieb mir keine andere Wahl, als diese Aufgabe sofort anzugehen, trotz verlockenden Sonnenscheins, und mir war ganz klar, daß das nicht mal eben schnell zu bewältigen war, denn das Ergebnis würde genau kontrolliert werden.

Das Entmutigendste war immer, daß meine jüngere Schwester sehr ordentlich war und mir als leuchtendes Beispiel vor Augen gehalten wurde. Das fand ich im geheimen gemein, denn mir schien, daß ich durchaus ordentlich war. Ich hatte zum Beispiel eine wunderschöne Höhle auf dem Strohboden, was zwar verboten war, die aber ein herrlich duftendes Strohbett hatte, Strohsessel für die Besucher, eine Blechdose mit immer frischen Blumen, eine angeschlagene und deshalb aussortierte Schüssel mit gesammelten Äpfeln, Birnen, Tomaten oder Kartoffeln. An den Strohwänden hingen auf dem Hof gefundene Stöcke, deren Rinde ich beschnitzt hatte, getrocknete Mohnkapseln und manches mehr.

Immer war alles sehr schön und gemütlich aufgeräumt, nur konnte ich das meiner Mutter natürlich nicht zeigen. So blieb der Makel der Unordnung auf mir sitzen. Mein Reich war nicht von ihrer Welt! Dieser Makel durchzog meine ganze Kindheit, denn auch mein Schultornister war unordentlich. Die Hefte, obwohl ich schöne Hefte liebte, hatten im Nu Eselsohren und Fettflecke, weil ich mein Schulbrot dazwischen gesteckt hatte. Meine Schuhe und Strümpfe waren viel schneller schmutzig als die meiner Schwester. Das war mir nicht egal. Ich nahm es eher auf mich wie ein Schicksal, was ich zu tragen hatte, was mir aber weitgehend ein Rätsel war, so als sei ich daran gar nicht beteiligt.

Einmal kam ich aber wirklich in eine Krise, als ich eines späten Abends meine Mutter zu meinem Vater sagen hörte: »Wenn sie weiter so unordentlich bleibt, wird sie Probleme bekommen. Wie soll das ein Mann aushalten?« – Das saß! Ich war zwölf und hatte mich gerade zum ersten Mal in einen Mitschüler verliebt. In meinen Träumen wohnte ich mit ihm in meiner Strohhöhle oder in meinem Haus in der Rotbuche, von dem man einen wunderbaren Blick über den Park hatte. Mit einem Schlag war mir nun aber klar geworden, daß das so nicht ging und daß er mich wohl nicht nehmen würde, weil ich so unordentlich war.

Nun, so ist es nicht gekommen. Ich habe Philipp nicht geheiratet, und mein späterer Mann hat mich nie gefragt, ob ich Ordnung halten kann. Die Liebe zu meinen Höhlen hat sich auf meine Wohnung verlegt. Ich habe es gern gemütlich und schön.

All das fiel mir wieder ein, als mich vor ein paar Monaten meine Enkelin Rosa Lotte bat, mit ihr ihr Zimmer aufzuräumen. Als wir die Treppe zu ihrem Zimmer hinaufstiegen, sagte sie: »Das ist doch die einzige Möglichkeit, daß wir beide mal ganz allein sind.« Wir hätten nun ja auch etwas anderes machen können, aber wir räumten wirklich auf, und ich machte nach vielen Jahrzehnten eine neue Erfahrung. Über Rosa Lotte erschloß sich mir das Geheimnis der Ordnung. Dem Zimmer konnte ein bißchen Aufräumen nicht schaden. Auf dem Boden lagen verschiedene

Hosen, Pullis und Strümpfe. »Über die hab´ ich mich heute morgen geärgert«, sagte Rosa Lotte, »alles zu klein, zu groß oder zu blöd, da hatte ich auch gar keine Lust, das wieder wegzuräumen!«

Aber da tummelten sich auch die unterschiedlichsten Kuscheltiere, Bücher, ein angefangenes Puzzle und verstreute Memorykarten. Auf dem Vertiko lag eine dicke Staubschicht über den Pferden und Elefanten, aber das konnte nur ich sehen, weil es nicht in Rosa Lottes Augenhöhe war. In der Kakteensammlung auf der Fensterbank hatte sich vielleicht eine Tochter der dicken Emma, einer Spinne, die im Bad wohnt und dort ihre Arbeit tut, eine prima verzwickte Fangecke eingerichtet, denn die Reste gefangener Fliegen und Mücken lagen überall herum. Sie war offenbar ähnlich erfolgreich wie ihre Mutter.

Rosa Lotte schaute mich etwas bedrückt an, tat aber das gleiche, als ich meine Ärmel aufkrempelte. Wir stürzten uns schließlich gemeinsam in die Aufräum- und Reinigungsaktion.

Eine Schüssel mit warmem Seifenwasser wurde geholt, Staubtücher, Handfeger und ein großer Karton für den Müll, denn überall lagen Bastelreste herum. Unter dem staubigen Einheitsgrau der Pferde zeigte sich das glänzende Braun und Schwarz ihres Fells, und zwei Schimmel erstrahlten bald edel mit ihrem roten Zaumzeug. Die großen schwarzen Holzelefanten von Opa Heinz zeigten ihre schöne Maserung, und ein perlmuttfarbener kleiner Elefant glänzte wie eine Perle. Zu jedem Stück erzählte Rosa Lotte eine Geschichte: Da gab es Muscheln von der Ostsee und Steine vom letzten Urlaub aus Holland. Mit einem Pinsel befreiten wir die violetten Kristalle einer kleinen Druse, die ich ihr einmal geschenkt hatte. Rosa wußte noch genau, wann. »Das ist doch wie ein Wunder«, sagte sie, »von außen sieht sie ganz langweilig aus, wie konnte nur jemand wissen, was darin ist? Wer weiß, wie viele Schätze auf der Welt herum liegen? Viele werden vielleicht nie entdeckt, weil sie niemand findet!«

Ich dachte an manche Menschen, die mir begegnet und langweilig erschienen waren, aber irgendwann unerwartete Fähigkeiten gezeigt hatten.

Als hätte Rosa Lotte meine Gedanken erraten, sagte sie: »Omi, meine Freundin Elsa ist nicht dumm, wie du mal dachtest. Sie sagt nur nichts, weil sie sich schämt, und weil sie so lange überlegt, und dann kommt was ganz Kluges raus. Aber das kann man nur merken, wenn man mit ihr befreundet ist.«

So einfach ist das. Man muß sich mit Dingen und Menschen befreunden, um sie zu verstehen.

Wir räumten weiter auf, und viele Dinge gingen durch unsere Hände. Zu den meisten von ihnen erzählte Rosa Lotte die Geschichte, das heißt, durch wen sie wann und in welcher Situation zu ihr gekommen waren.

Ein großer Teil ihrer Lebensgeschichte wurde dadurch sichtbar. Es tauchten solche auf, die sie schon lange nicht mehr gesehen und deshalb vergessen hatte, andere tauchten auf, die sie vermißt hatte. Lauter Wiederbegegnungen, die ihr das Gefühl gaben, reich zu sein. Als wir uns daran machten, die Bücher abzustauben und zu sortieren, dauerte es lange, denn es gab viel zu erzählen und viel zu verwundern, zum Beispiel, warum einstige Lieblingsbücher, die sie fast auswendig kannte, auf einmal nicht mehr interessant waren, oder warum ein kleines zerfleddertes Pferdebüchlein noch immer lebenswichtig war. Es gab eine Schatztruhe, die ich ihr zu ihrer Geburt eingerichtet hatte, in die wanderten die »Lebenswichtigen«.

Ob es wohl Dinge gibt, die ihren Wert nie verlieren? Und was heißt es, wenn sie dieses Qualitätszeichen zugesprochen bekommen?

Ich besitze aus meiner Kindheit eine kleine grüne Achatkugel, die noch immer in meinem Schmuckkasten liegt. Wenn ich sie sehe, freue ich mich. Rosa Lotte hatte mich schon gefragt, ob ich sie ihr schenken könnte, aber das konnte ich nicht. Die Situation, in der ich sie bekommen hatte, fiel mir wieder ein: Bei uns wohnte ein junger Schwede. Meine Schwester und ich waren elf und dreizehn Jahre alt, er war schon neunzehn. Das hieß, einerseits gehörte er zu den Erwachsenen, andererseits aber auch zu uns. Da wir unsicher waren, lief der Kontakt zu ihm über kleine Streiche unsererseits. Wir versteckten Bücher, die er im Garten gelesen hatte, taten Pferdeäpfel in seine Reitstiefel und so manches mehr. Einmal, es war im Sommer, und wir sollten den Rasen sprengen, legten wir den Wasserschlauch durch das geöffnete Fenster seines Zimmers, das im Souterrain lag, versteckten uns und warteten, bis er kam.

Natürlich war er wütend. Uns wurde mulmig, der Scherz war wohl zu weit gegangen. Wir versteckten uns in meinem Baumhaus. Als ich zum Abendessen nach Hause ging – ich hatte den »Scherz« schon vergessen –, packte mich eine Hand von hinten am Hals und eine gebieterische Stimme sagte: »Komm mal mit!«

Ich glaube, ich habe furchtbar gezittert, hätte auch gern »Entschuldigung« gestammelt, aber es kam kein Ton aus meinem Mund. Er führte mich zu seinem Zimmer. Fenster und Tür waren geöffnet. Das Wasser hatte er beseitigt. Vor der Tür stand eine kleine Holztruhe. »Die habe ich mir von meinem Vater aus Schweden schicken lassen«, sagte er, »darin sind meine Kinderspielsachen. Ich wollte sie dir und deiner Schwester schenken. Nun ist sie auch naß geworden.« Er öffnete den Deckel. Ich weiß nicht mehr, was darin war. Meine Scham war riesig groß. Aus einer kleinen Schachtel nahm er die Achatkugel und gab sie mir in die Hand. »Die ist für dich«, sagte er, »das andere könnt ihr selber aufteilen.«

Ich war bis ins Mark getroffen. Er hatte den »bösen Scherz« nicht mit Bösem vergolten, und er hatte sein Geschenk an keine Bedingung geknüpft wie: »Jetzt hört ihr mal auf, mich zu ärgern!« Er hatte nur gelächelt. Sein Lächeln und die Tatsache, daß man etwas Böses mit Gutem vergelten kann, macht den Zauber dieser Achatkugel aus. Deshalb konnte ich sie bis jetzt nicht weggeben. Sie beschwört sein Gutes in mir und gehört deshalb zu den »Lebenswichtigen«.

Je intensiver die Geschichten der Dinge sind, die uns umgeben, desto reicher ist unser Leben, denn die Geschichten sind das, was ihren Wert ausmacht.

Als wir all die kleinen und großen Dinge gesäubert und betrachtet hatten, mußte ich an ein großes Spinnennetz denken, in dessen Mitte die achtjährige Rosa Lotte sitzt. Viele Fäden laufen auf sie zu, Beziehungsschienen zu den Menschen und Tieren, die ihr teuer sind. Und um sie herum ziehen sich Kreise mit Erfahrungsräumen, in denen die Dinge, die bedeutsam sind, wie Lichter aufblinken, wie Bewußtseinspunkte, die die jeweilige Beziehung, die verschiedenen Orte und die persönliche Zeit sichtbar machen.

Wir waren beide glücklich, als das Zimmer aufgeräumt war. Uns war beiden bewußt geworden, wie reich so ein achtjähriges Mädchen schon sein kann und wie wichtig es ist, die Dinge, die zu unserem Leben gehören, immer wieder an sich zu nehmen.

Als Rosa Lotte bei einigen Sachen sagte: »Die will ich nicht mehr haben, ich weiß nichts mehr von denen«, wurde mir zum ersten Mal bewußt, wie bedeutungslose Dinge unseren Lebensraum einengen, und daß es sich lohnt, nachzuspüren, bei welchen das so ist, und sich dann von ihnen zu befreien. Vielleicht kann ein anderer Mensch sie gebrauchen und neu besetzen.

Meine Tochter hatte, als sie fünf Jahre alt war, im Sperrmüll auf der Straße ein großes, schmutziges Zebra entdeckt. Es war am Rücken aufgerissen, die Holzwolle kam schon heraus. Sie war tief angerührt von diesem Stofftier und weinte heiße Tränen, als ich es nicht mitnehmen wollte. Schließlich überzeugte sie mich. Wir schleppten das schmutzige, zerrissene Tier, das vom Regen ganz durchgeweicht war, nach Hause. Es dauerte drei Wochen, bis es trocken war. Veronika hüllte es mehrmals am Tag in trockene Tücher und entwickelte eine so lang anhaltende, liebevolle Beziehung zu diesem Zebra, mit dem ein anderes Kind nichts mehr hatte anfangen können, daß das Tier zu ihrem größten Tröster für alle Kümmernisse wurde.

Einer der Punkte bei unserer Aufräumaktion war auch »die neue Ordnung«.

Es gab Spielsachen, die mußten unbedingt an dem Platz bleiben, wo sie waren, weil das ein erprobter Ort war, der sich als sinnvoll erwiesen hatte und dessen Qualität darin lag, daß man alles auch mit geschlossenen Augen wiederfinden konnte.

Einiges wurde woanders hingestellt, sozusagen »in neue Zusammenhänge gebracht« oder »ins rechte Licht gesetzt«. Anderes durfte erst einmal in einer Schachtel verschwinden, weil es zur Zeit nicht wichtig war, vielleicht auch ein Vorstadium zum Aussortieren.

Ordnung schaffen ist etwas wie Chaos zähmen. Chaos entsteht, wenn die Dinge sich verselbständigen, den Lebensraum beengen, sich zu Herrschern aufschwingen und den Besitzer zum Sklaven seines Besitzes machen, weil er nicht mehr mit den Dingen »befreundet« ist, weil das Vergessen ihrer Geschichte sie zu Fremden hat werden lassen, die nun sein Land bevölkern, weil keiner mehr da ist, der die Zugehörigkeiten ordnet. Ordnung ist etwas Hochpersönliches. Deshalb kann keiner für einen anderen Ordnung machen. Das Geheimnis wirklicher Ordnung ist eine ständig neu eingegangene Freundschaft zu den Dingen, die uns umgeben.

Unsere Kinder haben es heute schwerer als früher. Die Flut von Spielzeug in den Kinderzimmern überfrachtet ihre Aufmerksamkeitsfähigkeit, und das schnelle Erfüllen von Wünschen erstickt die Sehnsucht nach einem Spielzeug und die Beziehung, die sich in der Erwartung aufbaut.

So entwickeln sich die Kinderzimmer oft zu einem Chaos, das verzweifelte Eltern auf ihre Weise zu bändigen suchen, indem sie *ihre* Ordnung schaffen. Die Kinder aber können nicht lernen, Herrscher in ihrem kleinen Reich zu werden, was sie aber doch als Übung für ihr Leben brauchen.

Im Radio hörte ich kürzlich von einem Kindergarten, der einmal im Jahr für drei Monate eine spielzeugfreie Zeit durchführt. Es gibt dann nur noch die Einrichtung des Kindergartens. Alles Spielzeug wird eingepackt und in den Keller gebracht. Spielen können die Kinder mit Möbeln, Kissen und Decken oder mit auf Ausflügen gesammelten Naturmaterialien.

Nach Aussagen der Erzieherinnen werden die Kinder viel ruhiger, phantasievoller und machen viel mehr miteinander. Nach drei Monaten dürfen sie selber entscheiden, was sie von dem Spielzeug holen wollen. Da gibt es dann offenbar eine ganz neue Sicht auf die ausgewählten Sachen, und die in drei Monaten durch die spielzeugfreie Zeit geschärfte Wahrnehmung und Beziehungsfähigkeit verbessert das Klima in jeder Weise.

Vielleicht sollten wir uns ein Beispiel daran nehmen und uns auch einmal im Jahr so eine »Fastenkur« verschreiben, in der wir auf viele

Dinge verzichten, um zu sehen, ob wir sie wirklich brauchen, aber vielleicht auch, um uns neu zu ihnen in Beziehung setzen zu können.

## Gewalt in der Medizin


Man muß sich nicht wundern, daß die Fortschritte der Gentechnik mit Begeisterung aufgenommen werden, wenige Skeptiker ausgenommen; denn in der Welt des dritten Jahrtausends triumphiert die Ideologie des Marktes in jeder Hinsicht über traditionelle Werte, über die Heiligkeit des Lebens und den Respekt vor der Schöpfung. Die Technisierung und Kommerzialisierung des menschlichen Körpers stellt die letzte Stufe einer Entwicklung dar. In den letzten Jahrhunderten wurde der gemeinsame Besitz der Menschheit, die Erde, auf der sie lebt, immer mehr aufgeteilt, privatisiert und in Waren verwandelt: Ökosysteme wurden zu Privateigentum, wir haben uns die Ozeane angeeignet, die Güter der Erde geplündert, haben sogar die Atmosphäre aufgeteilt in Luftkorridore; und jetzt sind wir dabei, den menschlichen Körper zu zerlegen und zu vermarkten – den letzten Bereich, den die moderne Marktwirtschaft noch nicht erobert hatte.

Die Kolonisierung des Körpers stellt nach Andrew Kimbrell den Höhepunkt in der Entwicklung des modernen Kapitalismus dar, das letzte Kapitel der Entheiligung des menschlichen Geistes.

Am National Institute of Health in Amerika versuchen Forscher, das gesamte menschliche Erbgut zu kartographieren. Es kostet nicht weniger als die erste Mondlandung. Jeder der beteiligten Wissenschaftler will sich seinen Anteil an den profitträchtigen Fortschritten der Molekularbiologie sichern und beantragt Patente auf Hunderte von menschlichen Genen. Wenn das gesammelte menschliche Genom patentiert ist, wird es in den Besitz der pharmazeutischen, chemischen oder Bio-Industrie übergehen.

Technik und Massenproduktion dringen ins Innere des Lebens vor. Mit der Entschlüsselung des genetischen Codes können die Baupläne der Lebewesen verändert werden. Gensequenzen können ergänzt, gelöscht, neu zusammengesetzt und programmiert werden. Eine künstliche Evolution nach den Maßstäben des Marktes und des Profits.

Was wir brauchen, ist ein anderes Bewußtsein, ein neues Verständnis unseres eigenen Seins und unseres Platzes in der Welt. Wir müßten zu Hütern unseres Körpers und unserer Seele werden, zu Bewahrern der althergebrachten Verehrung des Lebens.

Das Gesundheitswesen eines Landes gibt Aufschluß über den ethischen Stand seiner Entwicklung. Es ist so etwas wie das Immunsystem der Gesellschaft gegen die Krankheitsbedrohung der herrschenden Kultur. Ein sozialer Organismus also, der als Teil des Gemeinwesens der Gesundheit des einzelnen Menschen und der gesamten Bevölkerung dient. Es gibt eine marktwirtschaftliche Gesundheitsindustrie, in der Schwangerschaften nur der Produktion käuflichen Fötalgewebes dienen oder in der Menschen als lebende Gewebe- und Organbanken ausgeschlachtet werden. Nicht in Deutschland, aber zum Beispiel in Entwicklungsländern gibt es Menschen, die in ihrer Not Organe verkaufen.

»Was soll daran so schlimm sein«, habe ich manchmal gehört, »ist es nicht besser, ein Armer kann sich mit dem Geld seiner verkauften Niere ein Geschäft aufbauen, und ein Kranker kann mit der Spende überleben?« Es klingt schlüssig, wenn man bereits die Vermarktung des Körpers akzeptiert hat. Ein logischer Schluß aus einer unakzeptablen Prämisse: der Kolonisierung des Körpers.

Zunächst ist der Fortschritt fast immer durch eine Not geboren. So war es auch mit der Transplantationsentwicklung. Das Bedürfnis, einem lebensbedrohlich Erkrankten zu helfen, dessen Dilemma ein zerstörtes Organ ist, indem man ihm das Organ eines Verstorbenen gibt, ist alt. Schon im Mittelalter versuchte ein Arzt einer Nonne das Bein eines Gehängten zu transplantieren. Immer wieder im Laufe der Jahrhunderte mißlangen unterschiedliche Versuche. Erst nachdem klar wurde, welche Rolle das Immunsystem dabei spielt, und man Medikamente entwickeln konnte, die seine Funktion außer Kraft setzen, gelang es, die Abstoßung in den Griff zu bekommen. Mit dieser Möglichkeit und einer ausgefeilten Transplantationstechnik war der Weg offen, es gab nur noch ein Problem: Organe wie Herz, Lunge und Leber sind so empfindlich, daß sie bis zum Schluß durchblutet sein müssen. Man konnte sie keiner Leiche entnehmen und mußte deshalb eine neue Todesdefinition finden – den Hirntod.

Vorher galt die Jahrtausende alte Übereinkunft, tot sei ein Mensch nach irreversiblem Ausfall von Herz-, Kreislauf-, Atem- und sonstigen Organfunktionen. Da man keinem lebendigen Körper Organe entnehmen durfte, die für ihn lebenswichtig waren und seinen Tod zur Folge gehabt hätten, bestimmte man den Zustand des Hirntodes in einem irreversiblen Sterbeprozeß als Tod. Ohne den Organnotstand hätte es keinen Grund gegeben, ihn als Tod zu deklarieren. Nachdem der Hirntod als Zeitpunkt möglicher Organentnahme festgelegt worden war, trat die Frage auf, wie man an die Organe von Hirntoten kommt. Da kein Mensch das Recht hat, über den Körper eines anderen zu bestimmen, war klar, daß nur von dem, der zu Lebzeiten seine Bereitschaft zur Spende offenkundig gemacht hatte, Organe entnommen werden durften. Aber schon trat ein neuer Engpaß auf: Es waren zu wenige, und die Vorstellung, daß wir uns bei so viel Bedarf

»Organverschwendung bei gesunden Toten« – wie ich in England hörte – eigentlich nicht leisten können, brachte zwei weitere Gesetzentwürfe zu der sogenannten *engen Zustimmungslösung* auf den Markt: die *erweiterte Zustimmungslösung,* in der nahe Angehörige gefragt werden konnten, und die *Widerspruchslösung,* in der die Organentnahmeerlaubnis vorausgesetzt wurde, wenn niemand Widerspruch einlegte. Obwohl man sich besonders in Deutschland Mühe gab, alles ordentlich zu regeln, ließen sich die Folgen der Begehrlichkeit nach der kostbaren Organware wie Organraub und Organhandel nicht verhindern.

Mit der Gentechnik verfügen wir über eine der wirksamsten und tiefgreifendsten Techniken, die man sich vorstellen kann. Ihre Anwendung in Landwirtschaft, Industrie und Medizin wirft unvorhersehbare Fragen auf, ethische, ökonomische und ökologische Fragen. Die Bioindustrie will zum Beispiel genetisch veränderte Viren, Bakterien, Pflanzen und Tiere herstellen – und zwar in großem Maßstab – und will sie in die Ökosysteme der Welt entlassen. Dabei sind zentrale Fragen noch gar nicht geklärt: Welche Risiken stellen solche Produkte für die Gesundheit des Menschen und für die Ökologie der Erde dar? Die Produkte leben, können sich vermehren, mutieren und können über die vorgesehenen Grenzen hinausgehen. Sind sie erst einmal freigelassen, ist es fast unmöglich, sie zu bändigen.

In Amerika züchtete man eine gentechnisch veränderte Kartoffel, die resistent gegen bestimmte Schädlinge ist. Zunächst scheint das nur positiv zu sein, aber, wie man feststellte, hatte es tiefgreifende ökologische Folgen. Die Schädlinge gingen ein in Ermangelung von Nahrung, mit ihnen starb eine bestimmte Vogelart aus, die auf diese Schädlinge in ihrer Nahrungsaufnahme angewiesen war, und mit dem Aussterben der Vögel verschwand eine Baumart, die wiederum auf diese speziellen Vögel angewiesen war, weil ihr Kot Nager abhielt, ihre Wurzeln anzufressen. Ein kleiner Kreislauf, der erst durch die veränderte Kartoffel offenbar wurde.

Vor sieben oder acht Jahren entstand eine große Aufregung unter den Mukoviszidose-Patienten. Mit der Entdeckung des Gens, das die schwere Stoffwechselstörung hervorruft, taten sich auf einmal Möglichkeiten auf, diese zu beheben oder gegen ein gesundes Gen auszutauschen und so die Krankheit, unter denen meine Patienten litten, auszulöschen. Einerseits entstand eine Euphorie, aber andererseits fühlten sich diese kranken Menschen grundsätzlich in Frage gestellt. Die Erfahrungen, die sie, leidvoll wie auch immer, gerade *mit* ihrer Krankheit machen konnten, schienen keinen Wert mehr zu haben. So, als sei der Erfahrungswert eines Menschen, der einen hohen Berg mit unsäglichen Mühen ersteigt, nichts mehr wert, nur weil man sich mit viel geringerem Aufwand von einem Hubschrauber auf dem Gipfel absetzen lassen kann.

Unsere negative Bewertung des Leids für die Entwicklung eines Menschen und eine deshalb sehr verengte Vorstellung von dem, was Lebensqualität sein kann, läßt uns die Frage nach dem Wert des Fortschritts letztendlich nur positiv beantworten.

Das Problem ist, daß wir den Wissenschaftlern die Entscheidung darüber überlassen, welche Teile des menschlichen Erbguts eliminiert und welche verbessert werden sollten. Die wissenschaftlichen Forschungsinteressen einerseits und die Entscheidung so gravierender Probleme wie der Eingriff in die menschliche Keimbahn andererseits liegen aber auf verschiedenen Ebenen und müßten deshalb auch auf unterschiedlichen Ebenen bewertet werden, doch das kostet Zeit und Geld. Für etwas, das wieder Geld einbringt, gibt es Sponsoren, zum Beispiel die Pharmaindustrie, die natürlich kein Interesse daran hat, einen Forschungszweig zu sponsern, der sich nicht auszahlt. Wer sponsert aber die Würde des Menschen und die Achtung vor den komplexen Beziehungszyklen allen Lebens auf unserer Welt?

Das Leben besteht aus solchen Beziehungszyklen, sei es im Universum oder in einer Zelle. Wer diese Ordnungen stört oder gewaltsam in sie eingreift, bekommt die Folgen zu spüren. Unser Dilemma ist, daß wir zu immer mehr Tun imstande sind – und dahin geht unsere ganze Energie –, daß wir dabei aber immer weniger imstande sind, die Folgen unseres Tuns zu antizipieren. Es wird uns täglich vor Augen geführt, wie wichtig es ist, auf die Zusammenhänge zu schauen, aber etwas hindert uns am Innehalten; es ist, als würde uns eine riesige Faust in unserem Rücken *immer weiter, immer weiter* treiben.

Wie schon erwähnt gibt es auch im Zen-Buddhismus die Aufforderung zum *»Immer weiter, immer weiter«*, nur vor einem völlig anderen Hintergrund. Es ist nicht das »Immer weiter« des marktwirtschaftlichen Profits oder technischen Fortschritts; vielmehr ist damit die kontinuierliche Achtsamkeit der Welt gegenüber gemeint als Lebenshaltung, als geistige Entwicklung, die kein bestimmtes Ziel hat. Dieses »Immer weiter« strebt Vereinigung, strebt Ganzheit an, während unser »Immer weiter« Fragmentierung und das Zerreißen von Zusammenhängen zur Folge hat.

Wenn ein kranker Mensch sich zur Transplantation entschließt, wäre nach den Vorstellungen der High-Tech-Medizin der direkteste Weg zum Entschluß folgender: Meine Lunge ist krank, mit der kranken Lunge sterbe ich, also muß sie raus, eine neue rein, dann ist der Schaden repariert. Notwendig ist nur das Vertrauen zu den Ärzten, die das entsprechende Know-how haben.

Das leuchtet ein und klingt wunderbar einfach. Alles ginge schnell über die Bühne, wenn da nicht der komplizierte Mensch wäre. Anstatt gleich »Ja« zu sagen, fängt er auf einmal an, seine Lunge als Teil von sich selbst zu begreifen. Wegen der Schwierigkeiten, die er mit ihr hatte, im Ringen mit ihr, hat er sie besser als jedes andere Organ kennengelernt; er hat eine besondere Beziehung zu ihr. Wie ein Kind, das seine alte, abgegriffene, »zerliebte« Puppe nicht gegen eine schöne neue tauschen will, will er sie nicht hergeben oder braucht Zeit für den Abschied von ihr. Er begreift auch, daß eine neue Lunge sein ganzes Leben verändern wird, und muß Abschied nehmen von einem Zustand einerseits extremer Einschränkung, andererseits spezifischer Möglichkeiten, zum Beispiel, nicht mitkonkurrieren zu müssen, auf andere Werte zu setzen, sich nicht treiben zu lassen, seine verbleibenden kleinen Freuden besonders zu genießen, sich wesentlicheren Fragen zu stellen.

Das ist ein ganz anderes Terrain. Da geht es nicht um eine Nutzen-Kosten-Rechnung, es geht um Sinnfragen und Zusammenhänge, eine Ahnung davon, daß es unabsehbare Folgen haben kann, wenn man in das Biotop »Mensch« eingreift. Natürlich ist da auch der Wunsch nach einem »normalen Leben«, aber der muß abgewogen werden gegen diese andere Wirklichkeit, und das braucht Zeit. Das bedeutet in der anderen

Welt Geld- und Handlungsverlust. Diese beiden Interessen sind nicht unter einen Hut zu bekommen. »Wir haben unsere Operationszeit auf die Hälfte gekürzt, liebe Kollegin, vielleicht passen Sie sich auch mal unserem Tempo an«, sagte mir ein Tansplanteur, als einer meiner Patienten, ein besonders differenzierter junger Mann, hin- und herschwankte in seiner Entscheidung Pro und Kontra Transplantation.

Dem Arzt saß die Faust im Nacken. Er wollte Erfahrungen machen und brauchte Patienten. Es herrschte ein starker Konkurrenzkampf zwischen den verschiedenen Kliniken. Der Druck wurde von oben nach unten weitergegeben.

Ich habe immer wieder feststellen können, daß die Qualität der umfassenden Achtsamkeit in der Zeit der Entscheidungsfindung den Integrationsverlauf des neuen Organs nach der Transplantation nachhaltig mitbestimmte.

Ich wurde eines Tages zu einem transplantierten jungen Mann gerufen, den ich noch nicht kannte, dessen Transplantationsverlauf über die ersten zwei Monate vorbildlich gewesen war, der sich aber plötzlich weigerte, seine Medikamente gegen die Abstoßung zu nehmen, der nicht mehr aß noch trank und in großer Gefahr war. Man bat mich, mit ihm zu sprechen. Es war schwer für mich, mit ihm in Kontakt zu kommen. Es schien, als habe er sich aus dieser Welt zurückgezogen. Er war das einzige Kind seiner Eltern, die in großer Sorge waren und mich voller Hoffnungen begrüßten. Solange ich als Hoffnungsträger erschien, gelang es mir nicht, Zugang zu ihm zu finden. Er schwieg, lag starr in seinem Bett und starrte an die Decke. Erst als ich ihn bei meinem dritten Besuch allein fand und zu ihm sagte: »Ich spüre, daß Sie sterben wollen«, wandte er seinen Kopf zu mir. Er war lebenslang progressiv krank gewesen. Als ein Freund die Eltern darauf aufmerksam machte, daß die Möglichkeit zur Lungentransplantation bestünde, waren sie überglücklich, er selbst erschrak zutiefst. Sein eingeschränktes Leben schien ihm durchaus lebenswert. Er machte Musik, komponierte, schrieb Gedichte, las viel. An die Einsamkeit hatte er sich gewöhnt. Mit der Endlichkeit seines jungen Lebens hatte er sich immer wieder auseinandergesetzt. »Ich hatte keine Angst mehr vor dem Tod«, sagte er. Er war überzeugt, daß es ein Leben nach dem Tod gab. Darauf war er gespannt. Die Möglichkeit der Transplantation brachte ihn durcheinander, weil er sah, wie glücklich seine Eltern darüber waren. Ihretwegen, aus Dankbarkeit, ließ er sich auf die Liste setzen. »Von da an war eine große Unruhe in mir«, sagte er. »Ich hatte weder klare Gedanken noch eindeutige Gefühle.« Es war, als sei die untere Hälfte, die in die Tiefe geht, wie abgeschnitten. Er hoffte, daß sich das nach der Transplantation ändern würde. Er mußte nicht lange warten, wurde transplantiert, arbeitete intensiv mit und war ein Musterpatient, der sich schnell von dem schweren Eingriff erholte.

Eines Nachts hatte er einen Traum. Er träumte, er habe einen Klumpen verdorbenen Hackfleisches statt der neuen Lunge in sich, und fing an, sich zu ekeln. Die ganze Zeit nach der Transplantation hatte er wie ein »zuverlässiger Roboter« gearbeitet. Mit dem Traum kamen seine Gefühle und Gedanken wieder. »Mit einem Mal war mir klar«, sagte er, »daß es nicht darauf ankam, ein möglichst langes Leben zu haben, sondern es mit der körperlichen und seelisch-geistigen Ausstattung, mit der man ins Leben getreten ist, zu meistern.« Das sei die Herausforderung, nur darauf käme es an.

Hätte er mehr Zeit gehabt und auch jemanden, mit dem er seine Bedenken hätte teilen können, dann hätte er sich das aufwendige, schmerzhafte und teure Prozedere der Transplantation ersparen können.

Aus der Sicht der Ärzte war er ein undankbarer Spielverderber und drohte ein Schandfleck auf ihrer Erfolgsliste zu werden. Ich versuchte zu vermitteln, aber das war nicht möglich.

Der junge Mann wurde ruhiger, konnte wieder schlafen, nahm wieder Nahrung zu sich, nahm sogar seine Medikamente. Er war ungeheuer entlastet, jemandem seine Gedanken und Gefühle mitteilen zu können und nicht diskriminiert zu werden. Er trat in einen liebevollen Kontakt zu seinen Eltern. Seine Lunge war schon so geschädigt, daß er zwei Monate später starb. Seine Eltern waren tief berührt, als sie hörten, daß er nur für sie hatte leben wollen. Sie ließen ihn in Liebe frei.

Das, was da geschah, war im Kontext der High-Tech-Medizin nicht faßbar, es hatte keinen Wert, weil es im Sinne der Transplantation kontraproduktiv war. Zwei Wertsysteme standen einander gegenüber, die einfach nicht kompatibel waren.

Die Wut der Station war groß, sie richtete sich auf mich. In ihren Augen hatte ich ihren Auftrag hintergangen, hatte sie geschädigt. Sie verboten mir, die Station zu betreten, drohten mit rechtlichen Folgen, wenn ich das nicht beachtete. Aber ich hatte mich auf die Bitte des Patienten und seiner Eltern hin auf ein Arbeitsbündnis mit ihm eingelassen und fühlte mich dem verpflichtet. Ich konnte beide Seiten verstehen. Ich wollte keine Fronten aufbauen. Es gelang mir, bei dem Patienten Verständnis für die Auffassung der Ärzte zu wecken, umgekehrt gelang es leider nicht. Immer wenn ich kam, war es wie ein Spießrutenlaufen. Als der Arzt die Polizei holte, erklärte ich dem Polizisten die Situation. Er stand ratlos da. »Das versteh ich nicht«, sagte er – und zu dem Arzt gewandt: »Da mache ich nicht mit!« Er setzte seine Mütze auf und ging.

Die Energien, die da aufeinander prallten, waren zerstörerisch, weil es uns nicht gelang, in

einen Austausch zu kommen. Es schien nur ein
»entweder - oder« zu geben. Der Druck, unter
dem wir standen, ließ uns auf eine primitive Stufe
zurückfallen, in der die Zwischentöne fehlten.

Eigentlich handelt es sich um ein großes
Geschenk, wenn ein Mensch das Organ eines
anderen bekommt und damit weiterleben kann.
Geschenktes Leben, als hätte man das große Los
gewonnen, so empfinden es viele. Aber dem
stehen Sätze entgegen wie: Heutzutage braucht
niemand mehr an Organversagen zu sterben.
Jeder, der es nötig hat, könnte ein Organ bekommen, wenn nur mehr Menschen bereit wären,
zu spenden. Entsprechend offensiv wird auch
geworben. Das Mitleid, das sonst keinen Platz
im Rahmen der High-Tech-Medizin hat, wird
benützt; und man fragt sich, warum soll man
nicht einem anderen Menschen eine Freude
machen mit etwas, das man nicht mehr braucht?

Ich habe miterlebt, wie ein Arzt – meistens
werden die jungen geschickt – Eltern am Bett ihres hirntoten Kindes nach einem Unfall um die
Zustimmung zur Organentnahme bitten mußte,
in einer Situation, wo sie unter Schock standen,
wo das an Maschinen angeschlossene Kind rosig
aussah, sein Brustkorb sich hob und senkte, es
Schweißperlen auf der Nase hatte und aussah, als
würde es jeden Augenblick die Augen öffnen.
Da versteht man nicht, wieso das Kind tot sein
soll – wider allem Anschein! Eine unmögliche

Situation, für den Arzt wie für die Eltern. Ersterer steht unter einem Auftrag: der Bitte um kostbares Material, das anderen das Leben retten kann, das dringend gebraucht wird. Letztere sind im Schock, sie können keine verantwortlichen Entscheidungen treffen. Lehnen sie ab, fühlen sie sich vielleicht schlecht, denn sie wünschten sich das Leben auch für ihr Kind, und da wäre ihnen jedes Mittel recht in ihrer Not. Stimmen sie zu, können sie ihr Kind nicht bis zu seinem letzten Atemzug begleiten; den wird es im Operationssaal unter dem Messer der Explanteure tun, wenn die Maschinen abgestellt werden.

Hinterher, wenn vielleicht Zweifel aufkommen, ob diese Entscheidung richtig war, ob sie nicht den Körper ihres Kindes, den sie zuvor nicht schützen konnten, jetzt hätten schützen müssen, ist keiner mehr da, der Zeit hat, auch keiner, der das hören möchte. Da kommen manchmal die Alpträume und psychosomatischen Störungen, wenn man sich nicht einen Therapeuten sucht, mit dem man seine Not bearbeiten kann.

Die Vorstellung, Organspende sei Christenpflicht und deshalb irgendwie selbstverständlich, wertet das Geschenk ab, das nicht selten ein erpreßtes Geschenk ist, weil es Menschen moralisch unter Druck setzt und ihnen Informationen vorenthält. Wenn man Patienten andererseits einredet, daß allein ihre Bedürftigkeit genüge, um sie berechtigt zu machen für eine große Gabe, wird das Geschenk zu etwas Selbstverständlichem, das einem zusteht; es wird noch einmal entwertet.

Bei einem Seminar habe ich das in krasser Form mit einem jungen Ehepaar erlebt. Die kranke Frau hatte von ihrem Mann eine Niere bekommen. Als ich von der Größe des Geschenks sprach, wurde sie wütend. Das sei doch wohl selbstverständlich, sagte sie, was sollte denn sonst das ganze Geschwafel von Liebe. »Wollen Sie vielleicht, daß ich mein Leben damit verbringe, mich wie ein Wurm vor meinem Mann in Dankbarkeit zu winden?«

Sie war überfordert und fühlte sich so abhängig von diesem Geschenk, daß sie sich mit allen Kräften dagegen wehrte. Da kam ihr die Ideologie der Medizin entgegen. Dem jungen Mann liefen die Tränen über das Gesicht. Sein großes, ihn selbst schädigendes Geschenk war ohne Würdigung geblieben.

Man muß groß sein, um dankbar annehmen zu können.

In der Vorbereitung zur Transplantation fragte ich einen Patienten, wie er dem Nehmen gegenüber stünde. Das sei kein Problem für ihn, sagte er. Ich bat ihn, etwas zu dem Thema zu malen. Als er fertig war, war er erschüttert. Er hatte ein dünnes Männchen gemalt, das eine große Kugel in seinen Armen den Berg hinunter trägt und dabei fast in den Abgrund gezogen wird. »Ich kann nichts mehr nehmen«, sagte er verzweifelt. »Ich habe mein Leben lang nehmen müssen, und weil das schrecklich für mich war, habe ich mich nie bedankt. Ich dachte, dann merkt es niemand, daß ich schon wieder genommen habe.«

Ihm war auf einmal klar geworden, daß eine Transplantation ihn unter diesem Gesichtspunkt überfordern würde. Als einer, der auf Hilfe angewiesen war, fühlte er sich abgewertet. Er wußte bis dahin nicht, daß Dank so etwas wie eine würdige Gegengabe ist.

Als ihm das klar wurde, rief er seine Mutter an, und ich hörte ihn viele Male sagen: »Mama, danke.« Er weinte und war vollkommen erschüttert und merkte, wie die Dankbarkeit immer größer wurde und ihn von einer schweren Last befreite.

Er nahm später seine neue Lunge und sein neues Herz in tiefer Dankbarkeit an. Sie sind Teile seiner neuen Identität geworden.

Die andere Seite der Begehrlichkeit, die zur Gier wird, zeigte sich im Traum einer Patientin. Sie träumte, sie stürze sich mit spitzen Zähnen auf den Brustkorb eines Menschen und fresse sein Herz heraus. Sie war entsetzt. Lange Zeit hatte sie in ihrer Todesnot bei Nebel und Glatteis auf den Tod eines anderen Menschen gehofft, damit sie weiterleben konnte. Das erfüllte sie mit Scham. Die Gier in ihrem Traum war durch diese Not und Angst genährt worden, aber auch durch das Versprechen der Medizin, es stünde ihr dies zu.

Wenn Seele und Geist keine Rolle mehr spielen, bleibt der Körper als ein mehr oder minder funktionierender Apparat übrig. Wenn ein Organ kaputt ist, zum Beispiel das Herz, so wird es wie ein kaputter Motor in einem Auto zu Schrott. »Herz und Lunge sind Schrott, nehmen wir sie raus und setzen was Neues ein«, sagte ein junger Arzt zu einer Patientin. Er sagte es mit aufmunternder Stimme. Er hatte recht, Herz und Lunge waren bei ihr schwer geschädigt, aber sie war kein Auto. Dieser Satz entwertete ihre Wirklichkeit.

Gerade nach einer Transplantation, in einer Situation, in der der transplantierte Mensch äußerst anfällig ist und deshalb ständig an Apparaten hängt, die ihn stützen und die Körperfunktionen kontrollieren, scheint es, als schlüge sich sein Sein in Kurven, Zahlen und Computerbildern nieder. Es herrscht eine große Geschäftigkeit, die sich auf bestimmte Daten konzentriert. Der Mensch mit seinen Eigenschaften, seiner Persönlichkeit spielt dabei kaum eine Rolle. Nur seine Compliance ist gefragt. Häufig treten psychose-ähnliche Zustände auf, teils wohl von den Medikamenten ausgelöst, aber auch durch eine Situation, die den Menschen fragmentiert. Die Körpergrenzen sind vielfach durchbrochen durch Schläuche, die das Wundwasser ableiten durch Katheder und Ports, aus denen Blut abgenommen wird oder Infusionen einlaufen. Das sonst verborgene Innere wird sichtbar auf dem Monitor oder stellt sich dar in Kurven und Zahlen. Das Gefühl der Einheit und Integrität des Körpers verschwindet; kein Wunder, daß auch die Seele das Gefühl hat, die Außenwelt kippt in sie hinein.

Cornelius Clausen, ein schweizer Schriftsteller, schreibt in seinem Buch *Herzwechsel* über seine aggresiven Alpträume. Der Eingriff zum Beispiel bei einer Herz-Lungen- oder Lungen-Transplantation hat durchaus etwas Brutales an sich: das Brustbein wird aufgesägt, und der Brustkorb wird von zwei Zangen auseinandergehalten, zentrale Organe werden herausgeschnitten, der Brustraum wird mit Eiswasser heruntergekühlt und nach der Implantation der neuen Organe mit Drähten verschlossen.

Man möge mir verzeihen, daß ich das alles so aufzähle. Es ist nicht, um zu schockieren. Ich habe mich manchmal gefragt, was davon im Unterbewußtsein wahrgenommen und gespeichert wird und sich in Nachtträumen oder psychoseähnlichen Tagträumen einen Ausdruck sucht. Es gibt inzwischen mehrere Bücher Transplantierter, die von solchen Erfahrungen berichten, was mich erleichtert hat; nicht etwa, weil es schön ist, aber weil es mir oft nicht gelungen ist, Verständnis für solche Zustände von Transplantierten zu wecken und vielleicht gemeinsam einen Weg zu ihrer Erleichterung zu finden. Man nahm an, daß meine Gegenwart die Patienten zu solchen Phantasien provozierte. Krisen seelischer Art paßten einfach nicht in den Erfolgskontext einer Transplantation.

Wenn man den Menschen mit einem Auto vergleicht, muß es, nachdem man ihm fachkundig ein optimales Ersatzteil eingebaut hat, einfach wieder in Ordnung sein. Diesen Anspruch spüren die Patienten und sind fast immer dankbar, achten die große Leistung ihrer Ärzte; und das tue ich auch, aber das ist nicht alles. Einem transplantierten Patienten steht nach der Transplantation eine große, anstrengende Arbeit bevor. Mit dem neuen Organ muß er auch eine neue Identität entwickeln. »Kann es sein, daß ich das Herz eines kalten, bösen Menschen bekommen habe, denn ich kann nach der Transplantation nichts mehr fühlen?« sagte ein junger Mann. Oder: »Ich komme mir hohl und geschändet vor und schäme mich permanent, obwohl ich nicht weiß, warum.« Und: »Kann ich noch wie eine Frau lieben, wenn ich ein Männerherz bekommen haben?« war die bange Frage einer jungen Frau.

Auf dem Bild, das sie gemalt hat, ist ein durchsichtiges, schwebendes, zartes Geschöpf mit herunter hängenden Armen in einem blutbeschmierten Hemd zu sehen. Nur die angstvoll schauenden, schwarzen Augen scheinen eine feste Substanz zu haben. Wie sich herausstellte, konnte die Jugendliche die neuen Organe, Herz und

Lunge, nicht akzeptieren. Sie bekam eine Abstoßung nach der anderen, trotz massiver Medikamentengabe.

Aber eines Nachts hatte sie einen Traum, den sie in einem Bild festhielt: Sie sitzt unter einem Baum in ihrem Garten, oben im Geäst der Spender. Sie waren wie mit einer lichten Nabelschnur verbunden, eine Wolkenschicht zwischen ihnen verdeckte die Sicht. Ein warmer Lebensstrom hatte sie plötzlich durchflossen, und sie wußte auf einmal, daß er und sie zusammen gehörten. »Ich lebe durch ihn, und er lebt in mir«, sagte sie bewegt. Von da an hörten die Abstoßungen auf; und die zwei Jahre, die sie noch lebte, war sie ruhiger und zufriedener als je zuvor. »Immer, wenn ich mich allein fühle, spreche ich mit ihm«, sagte sie, »wir sind wie Zwillinge, so etwas hatte ich noch nie in meinem Leben.« Als zwei Jahre später die durch die schweren Abstoßungsattacken geschädigten Organe versagten, wollte sie keine neuen. »Ich werde ihn nicht verlassen«, sagte sie, »jetzt sterben wir zusammen.« Das sind andere Dimensionen als die der Vernunft und Nützlichkeit.

Ich bin keine Transplantationsgegnerin. Ich bin froh über jedes Lebensjahr, das meinen Patienten, mit denen ich gearbeitet habe, geschenkt wurde. Ich erkenne das große Engagement und Können der Ärzte an. Was mir Angst macht, ist eine Ideologie, die den menschlichen Körper zur

Ware macht, die man benutzen kann. »Human vegetable« werden die Organe in England genannt und »harvesting«, ernten, heißt der Vorgang, mit dem sie gewonnen werden, und man glaubt, sich »organ waste«, Organverschwendung, bei einem »gesunden Toten« nicht erlauben zu können. Was für eine irritierende Sprache!

Der tote, vor allem hirntote Mensch, bekommt einen neuen Wert, genauso, wie Eizellen und Embryonen, die abgetrieben wurden, zu einem kostbaren »Rohstoff« geworden sind. Der menschliche Körper und alles, was zu ihm gehört, ist zu einer Kolonie der Ausbeutung geworden. Das ist der eigentliche Erdrutsch.

Das Gewaltsame in der modernen Medizin drückt sich vor allem in ihrem Bewußtsein aus, das Körper und Geist trennt, das den Körper, ja noch viel früher Ei und Samenzelle, seine Gene zu einem verfügbaren Material macht, an dem man forschen und mit dem man arbeiten kann. Das Sein eines Menschen, die Frage nach dem Sinn seines Lebens und Leidens ist dabei ohne Belang. Die Medizin entwickelt immer mehr Möglichkeiten zur Behandlung menschlicher Materie, ohne zu merken, daß sie dabei das Geheimnis Mensch zerstört. So als würden wir, indem wir die Buchstaben, die Form, den Rhythmus eines Gedichtes genau benennen, behaupten, wir hätten es erfaßt, ohne zu merken, daß wir es im festen Zugriff unseres analysierenden Verstandes zerstört haben, weil wir für das »Dazwischen«, das Unsagbare, Einmalige, Heilige keine Meßlatte haben außer der Resonanz einer mitschwingenden Seele.

Ich glaube, es ist wichtig zu erkennen und zu benennen, in welcher Gefahr wir sind.

Was wir also brauchen, ist ein anderes Bewußtsein, ein neues Verständnis unseres eigenen Seins, unserer Aufgabe und unseres Platzes in der Welt. Wir müssen zu Hütern unseres Körpers und unserer Seele werden, zu Bewahrern der althergebrachten Verehrung des Lebens, das alles Sein umschließt, das materielle, das geistige und das spirituelle.

## *Persönlichkeitsveränderungen bei Organtransplantation*

Bevor bei uns in Hannover die ersten Herz-Lungen-Transplantationen bei Mukoviszidose-Patienten gemacht wurden, war ich in London am Brampton Hospital, wo solche Eingriffe schon Routine waren, um mich zu informieren. Die Ärzte waren sehr aufgeschlossen und zeigten mir einige Filme, die sie von transplantierten Patienten gemacht hatten. Ich sah eine junge Frau in sehr elendem Zustand und ihr Leben ein Jahr nach der Transplantation. Der Film zeigte ein Stück aus ihrem Alltag: Sie mit Lockenwicklern und Schürze beim Staubsaugen oder beim Einkaufen im Supermarkt. Die Ärzte wiesen stolz darauf hin, wie »normal« ihr Leben jetzt verlaufe, und daß nichts sie von anderen Hausfrauen unterscheide.

Ich konnte ihre Begeisterung nicht teilen, und mir wurde von Film zu Film – im ganzen waren es fünf – immer trostloser zumute. Kam es denn darauf an, nach einer schweren Krankheit und einem gravierenden körperlichen Eingriff, nachdem man zuvor dem Tod sehr nahe gewesen war, genau da wieder anzusetzen, wo man der Krankheit wegen aufgehört hatte? Es schien, als hätte man nicht nur Herz und Lunge herausgeschnitten, sondern auch die Zeit der Krankheit mit all ihren Nöten und der Suche nach ihrem Sinn sowie der nur in ihr erfahrenen Möglichkeiten.

Ich habe mich gefragt, warum diese Menschen, die diese Filme gedreht hatten – es waren alles engagierte Ärzte –, so versessen darauf waren, zu demonstrieren, daß ihre Patienten ganz normale, von anderen nicht zu unterscheidende Menschen waren?

Ich war damals mit dem Patienten in London, der später als erster bei uns transplantiert wurde. Er empfand das Grauen nicht. Im Gegenteil: Ihn begeisterte die »Normalität« der Transplantation. Als chronisch Kranker wünschte er sie sich. Einmal nicht mehr aus dem Rahmen zu fallen, war ein erstrebenswertes Ziel für ihn. Das konnte ich verstehen.

Später, als ich schon mehrere Patienten auf ihrem Weg begleitet hatte, fiel mir auf, daß die ersten Worte zu mir oft waren: »Ich bin immer noch dieselbe oder derselbe wie vorher.« Dieser Satz war offenbar von zentraler Bedeutung für sie. Das konnte er aber nur sein, wenn sie zuvor Angst verspürt hatten, sie könnten sich in ihrer Identität verändert haben.

Als ich bei einer Podiumsdiskussion zum Thema »Transplantation und Persönlichkeitsveränderung« in meinem Statement sagte, für mich seien transplantierte Menschen wie Helden in den Märchen, die viele Prüfungen zu bestehen hätten und am Ende nicht mehr die wären, als die sie losgezogen seien, um ihre Aufgabe zu erfüllen, sondern andere, Größere, Wissendere, wenn sie die Herausforderung annahmen, wurde ich wütend von einigen Transplantierten angegriffen, die das für Humbug hielten und beteuerten, sie hätten sich in keiner Weise verändert.

Sie waren von Chirurgen unseres Hauses mitgebracht worden und vertraten vehement ihre These:

Ein Herz ist ein Muskel oder eine Pumpe und sonst nichts und eine Transplantation sei wie die Reparatur eines Autos, dessen Motor man auswechselt. Auch das sei ja dann immer noch ein Mercedes und würde mit dem neuen Motor kein Opel. Es hat mich betroffen und nachdenklich gemacht, warum viele Menschen sich so vehement gegen Veränderungen ihrer Person wehren und warum sie keine Chance darin sehen können, denn mein Bild von einem Märchenhelden war ja nichts Abwertendes.

Ich glaube, daß es damit zusammenhängt, daß das Bild des Märchenhelden gekoppelt ist mit der Aufforderung zu Wachsamkeit, Mut zu einem die eigenen Bedürfnisse übersteigenden Handeln, zur Bereitschaft, das Leben zu wagen und das Ziel nicht aus den Augen zu verlieren und alle persönlichen Fähigkeiten zu mobilisieren für eine gute Sache.

Das ist Arbeit. Die Helden der Märchen bekommen nichts geschenkt. Sie werden zwar unterstützt von guten Geistern, ohne die sie ihr Ziel nicht erreichen könnten, aber sie müssen ihre Freundschaft zuvor erst verdient haben.

Wer sagt, ein Herz sei nichts als eine Pumpe und ein Mensch sei eine Maschine, die man reparieren kann, das koste außer Geld und Knowhow weiter nichts, der macht die Transplantation zu etwas Billigem und verkauft ein Herz zu Dumpingpreisen. Entsprechend wertlos wird es dann sein.

Zum Thema Identität im Zusammenhang mit Transplantation fällt mir mein erster Patient ein, der Herz und Lunge bekam. Ich kannte ihn schon Jahre, und wir hatten Zeit, uns fast ein Jahr gemeinsam auf die Transplantation vorzubereiten. Mit ihm habe ich sehr viel lernen können. Er war ein sehr disziplinierter, vernünftiger, kluger Mensch. Seine Transplantation verlief vorbildlich, aber im ersten Jahr danach hatte er drei schwere Verkehrsunfälle durch zu schnelles Fahren. Gott sei Dank wurden weder andere noch er schwerer verletzt, aber die Autos hatten Totalschaden. Ich war fassungslos und konnte das mit dem Menschen, den ich kannte, nicht in Verbindung bringen. Er liebte es auch, zu Fußballspielen zu gehen und dann da zu stehen, wo die verschiedenen Fangruppen aufeinanderprallten. Begeistert erzählte er mir von gefährlichen Situationen. Er nahm Verletzungen in Kauf, nur um diesen »Lebenskitzel« zu spüren, wie er sagte.

Ich machte mir damals viele Gedanken. Daß er ein Stück Leben nachholen wollte, konnte ich verstehen. Aber warum so exzessiv? Ich wußte zufällig, daß er das Herz eines verunfallten Motorradfahrers bekommen hatte. Konnte es damit zusammenhängen? War es vielleicht möglich, daß Informationen, die in den Zellen des fremden Herzens gespeichert waren – wir wissen, daß wir sehr stark durch unser Erbgut bestimmt sind –, Einfluß auf sein Fühlen und Denken genommen hatten? Die meisten, die ich fragte, hielten diese Frage für absurd. Einige Jahre später las ich den Bericht über einen Patienten in Amerika, der 70 Tage mit einem Affenherzen überlebt hatte. Er hatte sich offenbar rein äußerlich verändert und bei seiner Obduktion fand man Zellen des Affenherzens in seinem ganzen Körper, auch in seinem Gehirn. Wenn das so ist, ist es doch unwahrscheinlich, daß diese Tatsache ohne Einfluß auf den ganzen Menschen, also auch auf seine Identität bleibt.

Die Frage der Identität ist für mich immer noch unbeantwortet, aber da ich nicht die Möglichkeiten habe, ihr weiter nachzugehen, und da sie außerdem von den Medien gern aufgegriffen und vereinfacht wird, möchte ich sie hier nicht weiter verfolgen, denn sie ist viel komplexer, als dies gemeinhin angenommen wird.

Möglicherweise mußte sich mein Patient immer wieder in die Nähe des Todes bringen, um sich zu beweisen, daß er ihn austricksen konnte. Vielleicht hatte er unbewußte Unsterblichkeitsphantasien entwickelt.

Mich machte dieses »Spiel« wütend, und ich erinnerte ihn an das, was er sich vor der Transplantation vorgenommen hatte.

Wir hatten uns während der Vorbereitung damit beschäftigt, wie er mit Geschenken umging. Ihm wurde dabei bewußt, daß er sehr selbstverständlich nahm, ohne zu danken, und daß er selten etwas zurückschenkte. Ihm wurde klar, daß er als chronisch kranker Mensch permanent auf die Hilfe anderer angewiesen war und daß ihn das so belastete, daß er die Hilfe und Gaben lieber nicht mehr wahrnahm, das heißt, sie zwar annahm, aber reagierte, als habe er nichts bekommen.

Geschenke aber, die man nur mit der Hand und nicht mit dem Herzen nimmt, machen nicht glücklich, denn sie gehören einem nicht wirklich an. Nicht selten werden sie sogar zum Ballast, von dem man sich befreien möchte. Er begriff, daß, wenn er die neuen Organe auf diese Weise nehmen würde, sie wie Fremdkörper seinen Körper besetzen würden, und daß es wichtig war, das große Lebensgeschenk auch wahrzunehmen und dafür zu danken. Seinen Dank wollte er als Zuwendung zu anderen Kranken zurückgeben.

Er wurde nach der Transplantation von den Medien – er war der erste in Deutschland transplantierte Mukoviszidose-Patient – in eine Richtung gezogen, die ihn von sich selbst entfernte. Viele Interviews machten ihn zu etwas Großem, er nahm an Dauerläufen teil und Kanuregatten. Leistung wurde verlangt und honoriert. Toll sollte er sein! Sein angeborener Ehrgeiz paßte gut in dieses Wertesystem. Aber er fühlte sich getrieben und hektisch. Ihm wurde bewußt, daß er in einer gefährlichen Sackgasse war, die ihm keine Ruhe ließ. Er fing an, zu studieren und machte gleichzeitig eine psychosomatische Ausbildung und arbeitet heute in einer Klinik mit Patienten, deren Nöte er von seiner eigenen Erkrankung her kennt.

Das ist sein Dank für ein kostbares Geschenk und ein Leben, das ihn erfüllt. Als Tansplantierter ist ihm bewußt, daß jeder Tag ein Geschenk ist und das Leben eine kostbare Gabe, für die man verantwortlich ist.

Einige meiner Patienten klagten nach der Transplantation über Gefühlskälte und Gleichgültigkeit. Sie fragten sich voller Schrecken, ob sie vielleicht ein »altes« oder »hartes Herz« bekommen hätten. Oder eine junge Frau sagte mir, sie habe Angst, mit einem Männerherzen nicht als Frau leben zu können.

Humbug? Alles Einbildung? Ich wußte es nicht. Aber ich nehme grundsätzlich ernst, was Menschen fühlen.

Es gibt eine Zeit im Laufe des Transplantationsprozedere, die besonders zu bedenken ist, weil sie schwere Anforderungen an die Person stellt, um die niemand herumkommt: Viele vergessen diese Zeit, wie es mit manchen extrem belastenden Ereignissen ist. Wir streichen sie aus unserem Erleben, dann sind sie zwar manchmal noch als Erinnerung vorhanden, aber der Schrecken und die Nöte sind nicht aufgearbeitet, sondern verdrängt. Ich bin vielen Transplantierten begegnet, wenn ich meine Patienten zu Untersuchungen begleitete, die nach der Transplantation unter diffusen Ängsten und Schlafstörungen litten. Ich glaube, daß das Auswirkungen verdrängter Erlebnisse waren, weil sie niemanden hatten, der sie begleitete.

Die Zeit, die hier gemeint ist, sind die ersten Tage und Wochen nach der Transplantation. Der Patient liegt auf der Intensivstation, ringsum von Apparaten umgeben, die ihn dauerhaft und perfekt kontrollieren. Seine Lebensfunktion schlägt sich auf Monitoren in verschiedenen Aufzeichnungen nieder. Seine Körperoberfläche ist vielfach durchbrochen von Schläuchen, die in seinem Körper liegen und das Wundwasser abführen, und Kathederhähnen, die in die Hauptvene führen, durch die jederzeit Medikamente laufen können und aus denen regelmäßig Blut entnommen wird, um es auf Abstoßungsreaktionen und Keime zu untersuchen. Alles muß absolut steril sein – Sterilität ist das oberste Gebot dieser Zeit –, denn die vielfältigen Durchbrüche im Körper sind wie Einfallstore für Keime. Dazu kommt, daß die lebenswichtige Immunabwehr des Patienten durch Antisuppressiva zerstört werden muß, damit das gesunde, aber fremde Organ nicht abgestoßen wird. Eine gefährliche Situation, der durch Präzision zuleibe gerückt wird. Jeder, der in den Raum kommt, muß zuvor sterile Kleidung anziehen, einen Mundschutz und Gummihandschuhe tragen. Das alles geht nicht anders, ist lebensnotwendig für den Patienten. Doch versuche man sich einmal in die Situation hineinzuversetzen: Die wichtigen Informationen, die wir über die Mimik eines Menschen, seinen Gesichtsausdruck, sein Lächeln, seine Leidensmiene bekommen, sind hinter dem Gesichtsschutz wie weggefiltert. Berührungen der Hände sind durch die Gummihandschuhe abgestumpft. Jede Schwester, jeder Arzt, muß wie ein Dompteur auf diese Situation reagieren, in der es darauf ankommt, alles im Auge zu behalten und genau zu protokollieren. Dabei wird die Beziehung zum Patienten funktionalisiert, und das oft wochenlang. Was bleibt da noch übrig von dem ganz einmaligen Menschen, seinen Fähigkeiten, Sehnsüchten, Visionen? Es zählt nur seine Bereitschaft, sich bedingungslos diesem Regime zu unterwerfen, alles andere stört. Der Blick und das Interesse der Behandler ist auf das Innere des Menschen gerichtet. Das, was normalerweise verborgen ist, den eigenen Augen unsichtbar, wird auf Monitoren und mit dem Sonogerät sichtbar gemacht. Besonderes Interesse gilt dem, was gar nicht das Eigene ist: den fremden Organen.

Da kann das Gefühl vergehen, man selbst zu sein. Der Mensch ist, wie auf dem Bild einer Patientin, fast verschwunden. Die Körperoberfläche ist aufgelöst. Im Bewußtsein bleiben die Apparate, von denen man umgeben ist, die Naht, das Wundwasser, das verschwinden soll, und das oder die fremden Organe.

Die Antisuppressiva, die in dieser Zeit in großer Menge gegeben werden müssen, lösen häufig psychoseähnliche Zustände aus, die viele Patienten kaum zu sagen wagen. Ich entdeckte das zufällig, als ich eine Patientin im Rollstuhl zum Röntgen brachte und sie mich verzweifelt bat, nicht jeden Menschen zu überfahren, an dem wir vorbeikamen. Während wir gemeinsam warteten, erzählte sie mir, daß sie von Ungeheuern, vor allem nachts, heimgesucht würde, und daß sie das Gefühl habe, die Wände des Zimmers kippten in sie hinein. Sie hatte nicht gewagt, es jemandem zu sagen. Sie fühlte sich so schlecht, weil es körperlich viele Komplikationen gab, die sie sich selber zuschrieb, als hätte sie versagt. Daß sie auch psychische Probleme hatte, deren Möglichkeit noch nie erwähnt worden war, ließ sie sich noch minderwertiger vorkommen. Sie wollte es lieber allein tragen. Sie hatte sich in der Nacht umbringen wollen, wie sie sagte, indem sie sich die Schläuche herausriß, aber alles war ja perfekt kontrolliert, sie hatte sich nur den Ärger des Arztes und der Schwestern zugezogen. Ich war erschüttert über so viel Elend und fragte den Arzt, ob er wüßte, was solche Zustände in ihr ausgelöst haben könnte. Er sagte, daß es an den Immunsuppressiva läge. Aber in der Nacht hatte trotz dieses Wissens niemand nach ihrem Motiv gefragt.

Von ihr, der vorher trotz schwerer Krankheit lustigen, geistreichen jungen Frau, war nichts übriggeblieben. Ich war jeden Tag viele Stunden bei ihr in diesen Wochen und konnte miterleben, durch welche Hölle sie gehen mußte. Es hat sich schließlich für sie gelohnt.

Welch schweren Weg müssen transplantierte Menschen oft gehen, und welche körperlichen und seelischen Leiden müssen sie ertragen! Manchmal haben sie vielleicht das Gefühl, den Anforderungen zu erliegen, und nicht selten taucht die Frage auf: Ist das Ganze nicht zu teuer bezahlt?

Aber das Glück, wenn man sich allen Anforderungen gestellt und die Prüfungen bestanden hat, ist vielleicht wie das Gefühl eines Bergsteigers, wenn er den Gipfel erreicht hat. Etwas von den grenzüberschreitenden Möglichkeiten des Menschen und von der Kostbarkeit des Lebens wird erfahrbar.

Das alles ist nicht möglich, wenn man die Transplantation zur bloßen Reparatur eines Apparates herabmindert und das Organ zu emotionalen Dumpingpreisen anbietet. Dann sind all die Schrecken und Nöte, die ich miterlebt habe, Ungeschicklichkeiten, die man bald im Griff zu haben hofft, und nicht Herausforderungen, innerhalb derer sich ein Mensch entwickeln und eine neue Identität bilden kann.

Vielleicht ist das Grauen zu verstehen, das mich überkam, als ich die Filme über Transplantierte in London sah, die aus ihnen nur das uns allen gleiche, die »Normalität« herausfiltern, ohne ihrer Besonderheit Rechnung zu tragen? Wir können Menschen mit einem besonderen Schicksal durchaus in die Normalität herunterdrücken, indem wir uns taub und blind stellen gegenüber ihren Erfahrungen. Das kann aber auf die Dauer niemand aushalten. Wenn er nicht vereinsamen will, muß er sich anpassen. Aber wie schlimm ist das für die Transplantierten! Und wie schlimm ist das für uns, nichts von diesen Erfahrungen zu wissen, und wie fatal ist es für die ganze Gesellschaft, etwas an sich Großartiges so zu banalisieren, weil sie es durch die Brille eines mechanistischen Menschenbildes sieht!

Nehmen wir uns doch die Zeit, die Transplantation in einem umfassenden Rahmen zu sehen, die vielen ungelösten Fragen anzugehen und die Menschen zu unterstützen, denen sie zuteil wird. Medizinisch wird alles getan und alle Vorsorge getroffen, zu der man fähig ist; aber wo bleibt der Schutz der Person, die Fürsorge und Begleitung für die Seele auf diesem Weg, daß sie nicht zerbricht, sondern sich weiterentwickelt?

## Für eine Kultur der Barmherzigkeit

»Ist die Welt noch zu retten?«
»Ja, wenn wir Barmherzigkeit üben gegenüber unserer eigenen Begrenztheit und der unserer Mitmenschen.«

Barmherzigkeit – was für ein altmodisches Wort!

Ein Satz kommt mir in den Sinn: »Da muß man barmherzig sein« – im Zusammenhang mit Menschen, die körperlich, geistig oder seelisch Hilfe bräuchten. Bilder von Frauen der Heilsarmee fallen mir ein, die auf der Straße Musik machen und Geld für Bedürftige sammeln, oder eine Schlange Frierender vor der Suppenküche.

Ist das Barmherzigkeit, wenn man hier hilft? Wo wird in den Medien an sie appelliert? In »Ein Herz für Kinder« vielleicht? Oder in der Weihnachtsaktion der Hannoverschen Allgemeinen Zeitung? In den Kleidersammlungen des Roten Kreuzes mit »Brot für die Welt«? Es gibt die instrumentalisierte Hilfe für Menschen in Not, Hungernde, Kriegsgeschädigte, Therapieeinrichtungen – aber entspringt die der Barmherzigkeit? Was ist sie eigentlich?

Wenn wir unsere Zeitungen aufschlagen, die Nachrichten hören oder im Fernsehen per Bild vor Augen geführt bekommen, scheint es, als gäbe es in der Welt fast nur Hunger und Elend, Kriege, Flugzeug- und Schiffsunglücke, Autounfälle, Raub, Mord und Betrug. Vorgetragen wird all das von Sprechern und Ansagerinnen, die – verständlicherweise – offenbar dazu angehalten werden, alle Nachrichten mit nüchterner Stimme und unberührtem Gesicht zu überbringen. Kein Raum wird gewährt, in dem Mitgefühl oder Trauer entstehen kann, denn übergangslos und gleichwertig werden die Informationen aneinander gehängt: Der Entführung folgen die Börsennachrichten, der Wetterbericht, Sport und die Lottozahlen.

Es scheint so, als sollte uns beigebracht werden, wie man mit Hiobsbotschaften umgeht, ohne mit der Wimper zu zucken. Bei unseren Jugendlichen ist es »in«, »cool« zu bleiben, keine Gefühle zu zeigen, ja sie gar nicht erst zu entwickeln. Das unbewegte Gesicht, die nüchterne Stimme, die gelassene Haltung gelten als Zeichen der Überlegenheit oder Professionalität.

Jeder hat sicherlich schon einmal die Erfahrung gemacht, wie es ist, wenn Not, Angst und Leid einen niederdrücken und ein Mensch, mit dem man darüber spricht, das heißt, dem man sein Elend mitteilen möchte, einem statt Mitgefühl eine nüchterne Erklärung für die Not anbietet, billige Hoffnungen macht: »Das wird schon wieder« – und der einen vielleicht auf später vertröstet: »Kommt Zeit, kommt Rat!«

Warum ist eine solche Situation so besonders enttäuschend? Ich glaube, weil das, was man sich eigentlich gewünscht hat, *Erbarmen ist.*

Erbarmen ist ein scheinbar altmodisches Wort, und die Frage taucht auf: Kann man es überhaupt noch gebrauchen?

Aus dem Hebräischen lautet die Übersetzung für das Wort Erbarmen sinngemäß: den anderen in seinem Mutterschoß tragen, ihn heranreifen lassen, bis er selbst wachsen und leben kann.

Ich arbeite unter anderem auch mit Eltern, die ein Kind verloren haben. Ihr Leid ist unermeßlich; was es aber unerträglich macht, sind die klugen Sprüche anderer Menschen, während stilles Zuhören, ein stummer Händedruck oder eine liebevolle Umarmung trösten und stärken können. In beiden Gesten steckt das Erbarmen: sie umschließen, ohne festzuhalten. Damit gibt man neuen Halt.

In manchen Kulturen wurden eigens für den Tod Trauerrituale entwickelt, die von Generation zu Generation weitergegeben werden. Sie haben immer etwas mit diesem Umschließen zu tun, in dem die Trauernden umgeben sind von Menschen, die klagen und weinen, die aber auch singen und tanzen und mit denen man gemeinsam ißt. Das Leid findet seinen ritualisierten Raum, und dieser Raum verhilft dazu, daß die Trauernden sich ausdrücken können und dabei unterstützt werden. Die vorgegebenen Formen bieten aber auch Struktur und das Gefühl, sich in Rituale, Gebete und Gesänge einzubegeben wie in Gefäße, die vielfach erprobt und genutzt wurden.

Bei uns sind die Trauerrituale weitgehend gesäubert – zumindest von heftigen Gefühlen. Es gilt als stark, die Fassung zu wahren und sich sein Leid nicht so sehr ansehen zu lassen. Und wer nach einigen Monaten nicht »über den Berg« ist, findet wenig Mitgefühl. Dauert die heftige Trauer länger als ein Jahr, kommt das schon einer Belästigung der Umgebung gleich. Sie möchte davon nicht weiter tangiert werden, sie schließt den trauernden Menschen aus. Das erleben jedenfalls viele.

Das Trösten Trauernder ist eines der sieben Werke der Barmherzigkeit. Aber kann man das einfach so verschreiben? Ich glaube, man sollte nichts verschreiben, sondern vielleicht genauso liebevoll auf diejenigen schauen, die die Trauernden abwehren müssen, weil sie selber keine Trauer in sich ertragen können.

Ich möchte die Geschichte einer Frau erzählen, die immer verschlossen war und scheinbar keinerlei Mitgefühl für die leidenden Mitpatienten hatte.

Ich lernte sie in der Psychiatrie kennen. Sie hatte etwas Dunkles um sich. Ihr Gesicht schien erstarrt. Nur wenn jemand weinte, lachte sie mit tiefer, rauchiger Stimme, dann fiel sie wieder in ihre Erstarrung zurück. Sie hatte viele Male versucht, sich umzubringen. Immer war sie doch noch gerettet worden. Sie malte in meiner Gruppe in schwarz-braunen Farben. Sie sagte nie etwas zu ihren traurigen Bildern. Trotzdem hatte ich das Gefühl, daß wir einander näher kamen. Oft sah ich ihr blasses Gesicht vor mir, mit der tiefen Falte zwischen ihren Augen, und war sehr angerührt von ihrem Unglück, besonders wenn schon wieder ein Suizidversuch fehlgeschlagen war. Ich ertappte mich, wie ich ihr den Tod wünschte als Erlösung aus ihrem – wie es schien – unerträglichem Leben.

Als ich aus dem Sommerurlaub wiederkam, hörte ich, daß sie aus dem neunten Stock gesprungen war, und war entsetzt, als man mir sagte, daß sie noch lebte. Ich brauchte eine Woche, ehe ich mich traute, sie zu besuchen. Als ich in den Raum trat, in dem sie in einer Eisernen Lunge lag, erkannte ich sie nicht. Es war nicht wegen ihrer Verletzungen, sondern es war ein Ausdruck ihres Gesichtes, den ich noch nie gesehen hatte: Es war entspannt und hatte alle Dunkelheit verloren. Sie lächelte mich an: »Es geht mir gut«, sagte sie zu meinem Erstaunen. Und nach einer Weile, in der ich sie verwundert anschaute: »Ich fühle mich wie in einem Uterus. Ich werde nun nie mehr allein sein, solange ich lebe.«

Als ich gehört hatte, daß sie den Sturz aus dem neunten Stock überlebt hatte, war ich wütend gewesen. Es schien mir unerträglich und gemein, als habe ein böser Dämon seine Finger im Spiel gehabt. Die Frage kam mir: Wie kann Gott so etwas zulassen? Ich bildete mir ein, es müsse ein großes Unglück für sie sein, daß es ihr erneut nicht gelungen war, ihrem traurigen Leben ein Ende zu setzen, und daß sie statt dessen gezwungen war, mit ihrem zerschmetterten Körper weiterzuleben. Aber offenbar war alles ganz anders.

Diese junge Frau war nach der Geburt von ihrer Mutter zur Adoption freigegeben worden. Sicherlich hatte sie das Kind nicht in Liebe austragen können. Da sich keine Adoptiveltern fanden, kam das Baby in ein Heim und von da aus in eine Pflegefamilie, der sie nach wenigen Monaten wieder weggenommen wurde, weil sie das kleine Mädchen mißhandelt hatten. Danach folgten mehrere Heime und immer wieder Pflegefamilienversuche. Mit zwölf Jahren machte sie den ersten Suizidversuch, ihm folgten weitere, die sie jedesmal in die Psychiatrie brachten. Sie muß wohl einen ungeheuren Bedarf nach Geborgenheit und Zuwendung gehabt haben, konnte das aber nicht ausdrücken, weil offenbar ihre Hoffnung auf Befriedigung ihrer Wünsche zerschlagen war.

Das hat sie so hart und starr und vollkommen unfähig gemacht, das Leid anderer mitzufühlen. Sie hätte ein tiefes Erbarmen gebraucht, um ihre Hoffnungen wieder aufbauen zu können, und erst dann wäre sie vielleicht fähig gewesen, Mitgefühl oder Erbarmen mit sich selbst und mit anderen zu entwickeln.

Im Laufe der drei Jahre, die sie in der Eisernen Lunge noch lebte, begriff ich, daß ihr Überleben nach dem tiefen Sturz keine Gemeinheit war, sondern in jeder Weise ein Wunder. Sie hatte nicht nur überlebt, sondern wuchs in dieser Maschine wie im Leib einer Mutter heran und war glücklich und dankbar für jeden Tag, für die liebevolle Versorgung, für jeden freundlichen Blick, jedes Gespräch, jeden Sonnenstrahl. Jetzt fragte sie mich immer nach den anderen Patienten und litt mit ihnen, wenn es ihnen schlecht ging. Das konnte sie, weil sie jetzt glücklich war.

Als wir sie nach ihrem Tod aus der Maschine nahmen, kam mir das vor wie eine Geburt in ein neues Leben.

Auf einer Tagung in Berlin zu dem Thema: »Soll ich meines Bruders Hüter sein?« spielte das Erbarmen auch eine Rolle. Mein Vorredner, ein katholischer Theologe, sagte in seinem Vortrag, daß das erfahrene Erbarmen Gottes dazu dränge, mitgeteilt zu werden, weil wir alle permanent in das Erbarmen Gottes gehüllt seien. Unser Erbarmen einem anderen Menschen gegenüber sei also etwas Selbstverständliches. Das klang schön, und ich hatte keine Mühe zuzustimmen, daß uns Gottes Erbarmen umhüllt, aber das Erbarmen anderen gegenüber ist in unserer Welt keineswegs selbstverständlich. Im Gleichnis vom »barmherzigen Samariter« gehen erst zwei Menschen an dem ausgeraubten und zusammengeschlagenen Opfer vorbei, bis der dritte sich schließlich erbarmt.

Ich bin durch mein Leben gegangen und habe die Situationen gesucht, in denen Erbarmen eine Rolle spielte. Ich habe in meinen Therapien den Augenblicken der Barmherzigkeit nachgespürt und habe dabei in allen Situationen, so unterschiedlich sie auch waren, etwas Ähnliches gefunden: Man konnte sie nicht herstellen, nicht einfach »ausüben«, sie stellte sich von selbst ein, meistens wie ein Blitz. Es gab unter den beteiligten Personen keine Unterschiede mehr in solchen Augenblicken, obwohl in der Ausgangsposition gerade das eine qualvolle Rolle gespielt hatte: Da ist auf der einen Seite ein Mensch in Not, elend, abhängig von der Hilfe anderer – und da ist andererseits ein Mensch, der die Mittel zur Hilfe zur Verfügung hat. Dadurch entsteht eine starke Polarisierung wie zum Beispiel klein und groß, schwach und stark, unterlegen und überlegen, krank und gesund. In den Augenblicken, wo sich das entwickelte, was mir als Barmherzigkeit erschien, waren alle Grenzen niedergerissen.

Ich habe weiter geschaut, was diese Situation noch auszeichnete, und entdeckte, wenn ich sie sozusagen in Zeitlupe ablaufen ließ, vor meinem inneren Auge, bevor der Umbruch stattfand, einen Schrecken, keinen kleinen, nein, einen großen fundamentalen Schrecken, der spontane Fluchtversuche in mir auslöste.

Die Gefahr hatte mich unvermittelt angefallen. Die Not meines Gegenübers war auf mich übergegangen, hatte mich erfaßt, drohte Teil von mir zu werden und löste in mir das einzige aus, was noch möglich war, ohne mein Gesicht zu verlieren: Erstarrung. Manchmal waren es nur Schrecken, manchmal verharrte ich länger in diesem Zustand, verbunden mit dem heftigen Wunsch, mich wegzukatapultieren in mein normales, vertrautes Leben.

Ich erinnere mich an eine Situation, in der mir das erbarmungslos klar wurde: Ich arbeitete in der Kinderklinik der Medizinischen Hochschule Hannover. Auf der Station hatten wir ein Kind, das eine Immunschwäche entwickelt hatte. Die Folgen dieser Krankheit drohten es zu zerstören. Im Schwesternzimmer wurde Beate als Problemkind gehandelt. Sie war nicht nur krank, sondern offenbar auch hochkompliziert. Die Glastüren zu ihrem Zimmer, durch die man sonst einmal einen Blick werfen konnte, waren mit Zeitungspapier verklebt. Ich war allerhand gewohnt und ging ganz zuversichtlich in ihr Zimmer. Aber kaum bewegte sich die Tür, flog mir ein schriller Schrei in die Ohren. Auf dem Bett saß ein kleines Geschöpf mit einer Nase wie ein Blumenkohl. Der grindige große Kopf war nur spärlich mit

Haarfusseln bedeckt. In dem schreienden Mund waren Reste von braunen Zahnstummeln zu sehen, und im Mundraum und um die aufgerissenen Lippen herum hatte man sie mit lila Desinfektionsflüssigkeit eingepinselt. Abweisend streckte sie ihre dünnen Ärmchen in meine Richtung. Die Haut hing wie ein zu weites Hemd an den dünnen Knochen, und ihre Fingerkuppen waren zu dicken Schlegeln geworden, an denen die Haut um die Fingernägel blutig aufgerissen war.

Ihr Anblick und ihr Verhalten ließen mich erstarren. Da hörte ich auf einmal ihre kreischende Stimme lachen: »Ja, das kommt davon, wenn man ungefragt hereinkommt, aber nur hereinspaziert, nun freuen Sie sich mal an meinem Anblick! Schön, was?«

Ich war zutiefst erschrocken, entsetzt und vielleicht auch wütend, aber mit ihrer Aggression hatte sie ein Loch in meinen blitzschnell angelegten Panzer gestoßen und offenbar ins Herz getroffen. Mir kamen die Tränen. Obwohl ich bewußt noch Widerstand empfand, spürte ich, wie ich langsam auf sie zuging. Ihre abwehrenden Hände schienen sich mir entgegenzustrecken, und ihr Gekreische wurde zum Hilfeschrei in meinen Ohren. Ich nahm sie in den Arm und hörte sie schluchzen. Es war mir völlig egal, wie sie aussah, etwas hatte die Schranken eingerissen, die mir zuvor unüberwindbar schienen.

Es war etwas passiert, was sich einfach ereignet hatte, was weder sie noch ich bewußt hätten konstellieren können.

Es war wie ein Befreiungsschlag, keine mildtätige Gabe, keine Frucht aus Überlegungen, guten Vorsätzen oder Verantwortlichkeit. Die Trennungslinie zwischen uns beiden war durchbrochen worden, ihre Welt und meine waren für den Augenblick eins geworden. Wir waren beide in ihrem Zuhause und mußten nicht fliehen voreinander.

Als ich ging, war ich tief bewegt, weit und hell. Ihre kleine Hand winkte mir nach und ihr Mund lächelte, bis ich die Tür hinter mir schloß. Sie schien mir schön, ohne daß ich darüber nachdachte.

Die Veränderung in ihr hielt nicht dauerhaft an. Genauso wie in mir das Wunder, das sich ereignet hatte, im Laufe der Zeit in seiner Intensität nachließ, so als hätte sich der Himmel wieder bewölkt und den freien Blick in die helle Weite eingeengt; aber das Bewußtsein, daß sich so etwas zwischen uns grundsätzlich ereignen konnte, war da, wenn wir uns begegneten. Das machte unsere Beziehung kostbar.

Als ich sie am nächsten Tag besuchte, zeigte ihr Gesicht keine Regung. Als ich sie duzte, denn ich hielt sie für nicht älter als höchstens neun Jahre – sie war klein wie eine Fünfjährige –, zischte sie mich an: »Was heißt hier ›Du‹, ich sage ja auch nicht ›Du‹ zu Ihnen; immerhin bin ich 21 Jahre alt!« Ich war erschrocken und mußte mich erst einmal wieder orientieren. Ihr Lachen schnitt mir ins Herz, und ich ging innerlich ein Stückchen zurück, weil sie mich irritierte. Ohne Vorbereitung knallte sie mir die harten Tatsachen hin und betrachtete erbarmungslos meine Fassungslosigkeit. »Schäm dich nicht«, sagte sie nach einiger Zeit, »ich kenne das Gefühl! Was meinst du, warum ich alle Fenster zugeklebt habe? Doch wohl nicht, damit die Sonne nicht reinscheint, aber die entsetzten Blicke – die halte ich nicht aus!«

Das konnte ich verstehen. Die Augen der Menschen waren wie ein Spiegel, in denen sie sich sah. Sie hatte schon lange nicht mehr in einen Spiegel geschaut, aber die Augenspiegel konnte sie nicht vermeiden. Sie zerstörten immer wieder ihr mühsam errungenes Bild von sich. Das suchte sie zu schützen, und es machte sie wild und abwehrend, wenn ihr durch die Begegnung mit einer unbekannten Person Gefahr drohte. In der Nacht, wenn niemand hereinkam, baute sie sich wieder auf. Sie spiegelte sich im Gesicht ihrer toten Mutter, die sie mit fünf Jahren verloren hatte. Seitdem war sie krank und war nicht mehr gewachsen. Aber das Gesicht der toten Mutter, von dem sie sich liebevoll angeschaut fühlte, verblaßte allmählich; es kostete sie immer mehr Kraft, es für sich herbeizuholen und das liebenswerte Kind wiederzufinden. Es war gar nicht so leicht, dem Körper der 21jährigen, die sie inzwischen war, etwas entgegenzusetzen, weil dessen Zerstörung so rasant fortschritt, daß sie sich gar nicht an das äußere Bild gewöhnen konnte.

Warum grenzen wir uns ab, wenn ein anderer Mensch nicht unserem Ideal von Schönheit, Werten und Vorstellungen entspricht? Warum fällt es uns so schwer, andere Positionen zuzulassen? Warum bauen wir eine hohe Mauer um unsere gehüteten Überzeugungen? Weil wir meinen, sie machten unsere Identität aus und diese sei gefährdet, weil wir uns für andere Überzeugungen öffnen?

Die Krankheit eines Menschen stellt unser tief gehegtes Bild von der Unzerstörbarkeit unseres eigenen Körpers in Frage. Ein Schicksalsschlag, der einen Freund ereilt, ein Unfall, der Verlust einer Stellung, eine Ehekrise bei einem anderen läßt uns oft instinktiv abrücken, weil wir zu tief miteinander verbunden sind und weil das Elend der anderen auch unseres werden könnte. Dann ziehen wir uns nicht selten zurück, machen die zuvor geöffneten Ich-Grenzen wieder zu und öffnen sie erst wieder, wenn die Gefahr vorbei ist.

Ein Mensch, der selbst große Angst vor Unglück, Trennung und Krankheit hat, muß sich durch die Not anderer bedroht fühlen. Wer hätte wohl keine Angst vor solchen Einbrüchen? Ich glaube, vielleicht die Menschen, die in oder nach einer solchen Situation einen neuen Sinn für ihr Leben finden konnten.

Ein junges Ehepaar, das sein Kind mit einem Jahr verloren hatte, sagte zu mir: »Unsere Werte haben sich ganz verändert. Dinge, über die wir uns früher aufgeregt haben, scheinen uns jetzt ganz unbedeutend. Wir sind viel gelassener geworden. Wir hoffen, daß es so bleibt und daß uns nur Wesentliches tangiert.«

Solche Eltern sind fähig, barmherzig und liebevoll mit Menschen in Not umzugehen. Sie wissen aus eigener Erfahrung, was ein anderer in ähnlicher Situation braucht. Sie können ihm dieses tiefe Mitgefühl entgegenbringen, wenn sie die Früchte ihrer eigenen Not sehen und sich davon nähren konnten. Wichtig fand ich den Nachsatz des jungen Elternpaares: »Wir hoffen, daß es so bleibt.« Oft ist es gerade die Not, die zu solchen Erkenntnissen führt. Nicht selten verschwindet die Achtsamkeit für das Wesentliche mit dem Abklingen des Leids, weil der sogenannte Alltag diese neuerworbene oder wiedergefundene Fähigkeit wieder verschüttet.

Ich glaube, wir machen uns etwas vor, wenn wir die Barmherzigkeit für etwas Selbstverständliches halten. Sicherlich wohnt sie jedem Menschen inne, wie die Fähigkeit zur Liebe; aber sie muß gepflegt und weiterentwickelt werden wie jede andere menschliche Fähigkeit auch. Was bedeutet das? Wir können uns vornehmen, karitative Initiativen zu unterstützen: für ein Kinderdorf, für »Brot für die Welt« oder für Überschwemmungsopfer zu spenden oder uns für bedrohte Tierarten einzusetzen, aber ist das schon Barmherzigkeit? Tun wir so etwas nicht oft, um unser schlechtes Gewissen zu beruhigen oder um unserem eigenen Bild vom guten Menschen zu entsprechen? Ich will das nicht schlechtmachen, aber Barmherzigkeit verlangt mehr.

Die Medien lokalisieren die Bedrohung im Außen, man kann sie anschauen, die Stürme, die Überschwemmungen, den Hunger, die Morde – sie sind zum Glück woanders. Das gibt uns ein Gefühl der Sicherheit, der Unangreifbarkeit, und wir können, wenn wir wollen, den Horror mit einem Knopfdruck beenden oder die Zeitung zusammenfalten. Das haben wir in der Hand. Was wir nicht merken, ist, daß unser sorgsam geschützter Ichraum immer enger wird, die Mauern immer dicker und höher, bis wir darin feststecken, oder bis wir uns ausgeleert vorkommen, weil wir die Welt aus Angst nicht mehr hereinlassen.

Immer wieder kommen Menschen zu mir, die an dieser Leere leiden, die nicht das Gefühl haben, eine Rolle in der Welt zu spielen. Sie sehnen sich nach Erfülltheit, und sie möchten, daß man sie anspricht auf ihre Erfahrungen, aber sie kennen nur Angst und Enge und möchten ihren

Elfenbeinturm behalten und alles andere dazu. Sie möchten wichtig sein, ohne sich zu öffnen. Sie möchten helfen, ohne zu leiden, sie möchten Sicherheit geben, ohne sich selbst verunsichern zu lassen. Sie erleben die Bitte um Hilfe als Zwang, von dem sie sich abgrenzen müssen, und sie haben Angst, zu verarmen, wenn sie teilen.

»Barmherzigkeit«, sagt Shakespeare, »die weiß von keinem Zwang, die träufelt wie des Himmels milder Regen zur Erde unter ihr, zweifach gesegnet: Sie segnet den, der gibt, und den, der nimmt. Sie ist ein Attribut der Gottheit selbst...«

Im Vergleich mit dem milden Regen, der vom Himmel träufelt, wird deutlich, daß etwas Sanftes zu ihr gehört, sie bietet sich in einer Weise dar, die dem Boden, den sie nährt, gemäß ist, sie läßt ihm Zeit. Aber sie ist auch etwas, das man nicht fordern kann, man kann nur hoffen, daß sie geschieht. Indem sie »segnet den, der gibt, und den, der nimmt«, wird deutlich, daß beide bekommen. Es entsteht kein Ungleichgewicht, denn eigentlich wird der, der gibt, ja ärmer – weshalb sich so viele Menschen in therapeutischen Berufen ausgebrannt fühlen –, wenn nicht eine dritte Dimension mit hineinspielt: Der Gebende hat zuvor bekommen den Segen Gottes, der beide verbindet.

Erich Fromm spricht in seinem Buch *Die Kunst des Liebens* von der Nächstenliebe, die man der Barmherzigkeit gleichsetzen kann. Er schreibt:

»Die fundamentalste Art der Liebe ist die Nächstenliebe. Damit meine ich ein Gespür für die Verantwortlichkeit, Fürsorge, Achtung und ›Erkenntnis‹, das jedem Wesen gilt, sowie der Wunsch, dessen Leben zu fördern.« Und etwas weiter: »Es ist geradezu kennzeichnend für sie, daß sie niemals exklusiv ist. [...] Die Nächstenliebe enthält die Erfahrung der Einheit mit allen Menschen in sich. [...] Die Unterschiede von Begabung, Intelligenz und Wissen sind nebensächlich im Vergleich zur Identität des menschlichen Kerns, der uns allen gemeinsam ist. Um diese Identität zu erleben, muß man von der Oberfläche zum Kern vordringen. Wenn ich von einem anderen Menschen hauptsächlich das Äußere sehe, dann nehme ich nur die Unterschiede wahr, was uns trennt. Dringe ich aber bis zum Kern vor, so nehme ich unsere Identität wahr, ich merke dann, daß wir Brüder sind. Diese Bezogenheit von einem Kern zum anderen, anstatt von Oberfläche zu Oberfläche, ist eine Bezogenheit aus der Mitte.«

Mir fällt dazu eine Erfahrung mit meiner Mutter ein. Sie war alt und sehr hinfällig. Sie lebte die letzten Jahre in einem Pflegeheim und lag am Ende ihres Lebens in ihrem Bett. Vorsichtshalber hatte man ihr das Gebiß herausgenommen. Sie war sehr abgemagert, weil sie nur noch wenig zu sich nahm. Eigentlich sah sich sich kaum mehr ähnlich. Sie sprach fast nichts, öffnete nur ab und zu ihre großen, tiefliegenden Augen und schaute mich an auf eine Weise, wie nur Neugeborene es tun: unverwandt und doch unendlich weit weg. Auf einmal war ich ganz erfaßt von etwas, was mich zutiefst betroffen machte. Mir war, als begegnete ich meiner Mutter zum ersten Mal, als hätte sie alle Verkleidungen abgelegt. Alles, was sie von sich dachte und was sie uns entgegengebracht hatte, war weg, aber auch alle Projektionen, die ich auf sie gerichtet hatte, waren verschwunden.

Ich war ungeheuer erstaunt. Daß sie hinter all der Auflösung ihres Körpers auf einmal hervortrat, nicht als die schöne Elsa Martha oder die Frau von Adalbert oder die Mutter von Ramborg, Christoph und Elisabeth und tausend anderen vertrauten Rollen mehr.

Durch die Auflösung ihres Körpers schimmerte etwas nie Gesehenes, was mich zugleich erschütterte und beglückte. Es verursachte mir aber auch Schmerz in dem Bewußtsein, daß ich sie erst kurz vor ihrem Tod auf diese Weise erkennen konnte. Zugleich wußte ich, daß diese Erfahrung unverlierbar war, weil sie etwas mit der Ewigkeit dieses Wesens zu tun hatte, das meine Mutter war. Ich sage »war«, obwohl sie zu diesem Zeitpunkt noch lebte. Wir waren Mutter und Tochter, aber das, was mir von ihr begegnete, hatte damit nichts zu tun. Es war das, was uns beiden und allen Menschen gemeinsam ist. Vielleicht das, was

Fromm den menschlichen Kern nennt, der uns alle verbindet.

Wir werden in unserem Kulturkreis in die Erfahrung des Abgetrenntseins hineingeboren: die Unterscheidung zwischen »Ich« und »Nicht-Ich«, zwischen »Selbst« und »anderen«, »Mensch« und »Umwelt«. Im Verlauf unseres Lebens bauen wir an diesen Abgrenzungen um unser kleines Ego herum. Es besteht aus unterschiedlichen Identitäten, die wir nicht selten streng voneinander getrennt halten. So haben wir vielleicht viele Stunden des Tages eine »berufliche Identität«, später sind wir vielleicht hauptsächlich Partner, Ehefrau, Mutter oder Vater. Sehen wir die Nachrichten im Fernsehen, reagieren wir in der Rolle der »Liberalen«, der »Konservativen« oder der »Progressiven«. Manchmal agieren wir im Gewand der »Bedeutungsvollen«, oder wir fühlen uns als »Irgendwer«.

Ich glaube, das, was uns hindert, uns zu öffnen, ist die Angst vor dem Verlust der Rolle, mit der wir uns gerade besonders identifizieren, zum Beispiel die Rolle der kompetenten Therapeutin. Geraten wir in eine Situation, die uns verunsichert, oder bleibt die Zustimmung, daß wir eine solche Person sind, bei unserem Gegenüber aus, klammern wir uns meistens in besonderer Weise daran und nehmen uns die Möglichkeit, die alten Positionen loszulassen und neue Erfahrungen zu machen.

Erich Fromm sagt dazu:

»Wenn aber alle unsere Identitäten nur relativ sind und nur durch bestimmte Umstände in Erscheinung treten, gibt es dann irgendeinen Teil unseres Selbstes, welcher richtig und unverändert bleibt? Wenn wir unseren Geist bei seiner Funktion beobachten, dann sehen wir, daß es hinter diesen Identitäten einen Zustand des Bewußtseins gibt, der alle Rollen beinhaltet und doch in der Lage ist, jenseits ihrer zu bestehen. Während wir unser Verhältnis zu jeder Identität so lösen, daß wir uns nicht mehr in ihr verlieren, werden wir leichter und gelöster – sind wir fähiger, mit den verschiedenen Arten unseres Seins zu sprechen, ohne ausschließlich an einer Identität zu haften. Wir müssen nicht unbedingt jemand Bestimmtes sein, wir müssen nicht ›dies‹ oder ›jenes‹ sein. Wir sind frei, einfach zu sein.«

Als Beispiel dafür sei eine Episode aus dem Buch *Traumfänger* von Marlo Morgan angeführt. Darin erzählt eine amerikanische Ärztin und Wissenschaftlerin, die von einem Eingeborenenstamm der Aborigines nach Australien eingeladen worden war und mit ihm durch die Wüste wanderte, folgende Begebenheit:

Eines Morgens kommt eine junge Frau des Stammes von der Suche nach Samen, die sie essen wollen, mit einer gelben Blume zurück, die sie sich an ihrem langen Stiel um den Hals gelegt hat. Alle bewundern, wie schön sie damit aussieht, und es ist deutlich wahrzunehmen, daß die Schönheit der Blume die Schönheit der jungen Frau unterstützt. Dankbar und voller Freude hört sie die Bewunderung, die ihr an diesem Tag entgegengebracht wird. Am Abend löst sie die Blume von ihrem Hals und gibt sie der Erde zurück. Sie muß nicht an dieser Rolle hängenbleiben. Durch die Schönheit der Blume, die sie schmückte, wurde ihr ihre eigene bewußt und von den Stammesangehörigen bestätigt. Das erfüllte sie mit Freude und Dankbarkeit.

Zwei Wirklichkeiten, die der Blume – und Blumen sind etwas Besonderes in der Wüste – und die ihre, waren zusammengekommen und hatten sich gegenseitig ergänzt. Die junge Frau hatte etwas erkannt, was nicht verschwand, wenn sie die Blume an die Erde zurückgab. Die Schönheit, die sie entdeckt hatte, war von anderer Qualität als die unserer Models und Schönheitsköniginnen, die immer neu mit Bewunderung genährt werden müssen und zu deren Schönheit gehört, daß sie andere aussticht und daß sie vergänglich ist. Die Schönheit der jungen Eingeborenen hatte etwas mit der Erweiterung ihres Bewußtseins zu tun, die sie mit der Schönheit anderer Lebewesen verband.

Der Gewinn der Barmherzigkeit ist der Gewinn der Liebe. Zwei innere Räume öffnen sich zueinander. Das Seinsgefühl eines jeden erweitert sich und bekommt eine Ahnung von der Größe eines Menschen.

Saint-Exupéry schreibt im *Flug nach Arras*: »Wenn es darum geht, über den Menschen zu sprechen, versagt die Sprache. Der Mensch unterscheidet sich vom Menschen. Man sagt nichts Wesentliches über den Dom aus, wenn man nur von den Steinen spricht. Man sagt nichts Wesentliches über den Menschen aus, wenn man ihn durch menschliche Eigenschaften zu bestimmen sucht. […] Keine Erklärung mit Worten kann je die Schau übersetzen. Die Einheit des Menschen ist nicht durch Worte übertragbar.«

Was Exupéry mit »Schau« beschreibt, nennt Fromm den »menschlichen Kern«, der etwas bezeichnet, was über den einzelnen hinausgeht und uns letztendlich alle verbindet. Barmherzigkeit ist vielleicht der Schlüssel, der die verschlossenen Türen zwischen uns öffnet und die Ahnung eines größeren Zusammenhanges ermöglicht.

Zum Abschluß noch ein letztes Wort von Exupéry: »Ich verstehe schließlich, warum die Liebe zu Gott die Menschen füreinander verantwortlich gemacht und ihnen die Hoffnung als eine Tugend auferlegt hat. Da sie aus jedem von ihnen einen Sendboten Gottes machte, ruhte in den Händen eines jeden das Heil aller.«

Dem möchte ich eine provokante These hinzufügen: Niemand tut – gemessen an seinem Weltbild – etwas Schlechtes. Anders ausgedrückt: Alle tun in jedem gegebenen Moment das ihnen Bestmögliche.

Ich könnte mir vorstellen, daß sich hier ein Protest erhebt, denn die Gegenbeweise liegen ja auf der Hand: Da gibt es Jugendliche in unserem Land, die Ausländer beschimpfen und drohen, ihre Häuser anzünden. Es gibt Reiche, die sich nur damit beschäftigen, wie sie noch mehr Geld scheffeln können, während sie mit nur einem Teil ihres Vermögens Kinder vor dem Verhungern retten könnten. Da gibt es Politiker, die ihre Macht mißbrauchen und ihr Volk schädigen. Und da behaupte ich, niemand tut etwas Schlechtes. Das scheint absurd zu sein. Das wäre es auch, wenn nicht noch dieser Nachsatz wäre: gemessen an seinem Weltbild. Die Jugendlichen, die Ausländer verachten, tun es, weil es in ihr Weltbild paßt: Wir bekommen keine Jobs, können nicht in dem Wohlstand leben, den wir uns wünschen, um uns gut und wichtig zu fühlen; also sind die Fremden die ärgsten Feinde auf dem umstrittenen Markt. Jagen wir erst mal die zum Teufel!

Entsprechend ihrem Weltbild ist ihr Handeln nur folgerichtig.

Wenn der ehemalige Bundeskanzler Helmut Kohl davon überzeugt war, daß seine Politik die beste sei, dann war es nur folgerichtig, daß er alles tat, um an der Macht zu bleiben. Eine breite Bevölkerungsschicht und Industrielle unterstützten ihn in dieser Überzeugung. Unter solchen Umständen scheint der Zweck alle Mittel zu heiligen, die wir aus anderer Sicht nur für Korruption halten können.

Oder nehmen wir den Reichen, der auf seinem Geld sitzt und kein Erbarmen mit den verhungernden Kindern hat. In seinem Weltbild geht es erst einmal darum, Sicherheiten für sich und seinen Besitz zu schaffen, der von Konkurrenten und Neidern bedroht ist. Wenn er diese nicht aussticht, sticht ein anderer ihn aus. Mit diesem Spiel ist er sein Leben lang beschäftigt.

Wenn wir das Verhalten der Menschen unter dem Gesichtspunkt des jeweiligen Weltbildes betrachten, können wir sogar den Mörder verstehen, der seine Frau umgebracht hat, weil sie ihn betrogen hat, vor allem, wenn er in seinem Leben immer wieder gedemütigt wurde und dementsprechend den Selbstwert, den er als Mensch hat, nicht spüren konnte. In seinem Wertesystem sind Frauen dann schlecht, und es geht darum, sich zu wehren und sich nicht weiter entwerten zu lassen. So gesehen ist der Tod die gerechte Strafe für die betrügerische Frau.

Auf was es mir ankommt, ist aufzuzeigen, daß unser Handeln stets Ausdruck unseres jeweiligen Bewußtseins- und Erkenntnisstandes ist und daß der sich erweitern muß, wenn sich etwas in unserer Welt verändern soll.

Wenn wir das Wort Gottes ernst nehmen, daß wir seine geliebten Kinder sind, Töchter und Söhne Gottes, dann sind wir von der Abstammung her etwas Göttliches. Wenn Gott alles ist, was ist, so sind wir Teile von ihm, Teil von etwas unendlich, unvorstellbar Großem. Damit haben wir einen unfaßbaren Wert, den es zu erinnern gilt. Je mehr wir uns dieses Wertes erinnern, desto unabhängiger werden wir von äußeren Umständen. Wir können ein großer Mensch sein als Straßenfeger, als Sängerin, als Vater, als Ministerin, als kleines Kind. Die äußere Form und die Umstände, unter denen wir leben, sind dann nur der Rahmen, in dem wir uns unserer göttlichen Abstammung rückerinnern.

Und da Gott alles in allem ist, wüßten wir auch um unsere Verbundenheit mit allen Formen der Schöpfung und würden zum Beispiel die Erde nicht ausbeuten, weil es verboten ist, sondern weil wir im Bewußtsein tiefer Verbundenheit ihren Schmerz an uns selbst spüren würden.

Nichts wird sich letztendlich dauerhaft ändern durch Verbote, sondern nur durch einen Bewußtseinswandel.

Wenn wir aufhörten, uns gegenseitig zu verurteilen, und bereit wären, im Sinne der Übersetzung aus dem Hebräischen uns Barmherzigkeit zu erweisen, indem wir uns liebevoll ineinander aufnähmen, damit wir miteinander wachsen können, hätte die Welt und wir mit ihr eine wunderbare Chance.

*Ausblick in die Zukunft*

Sich die Zeit nehmen, die dort ausgelegt ist
wie verschieden starke Hölzchen
auf einem Weg.
Sie achtsam aufnehmen,
Stück für Stück,
damit ein Feuer daraus werden kann,
das leuchtet und wärmt.

Die Hoffnungsknospen in den
Augen der Menschen suchen,
sie über Nacht ins Paradies bringen,
damit sie dort wachsen.
Sie am Morgen zurückpflanzen,
damit die Welt bunt wird.

Die Trauertränen aus dem
großen Meer der Trübsal fischen,
sie an den Stränden auslegen,
damit der Mond sie versilbert,
auf daß sie zum Licht der Finsternis werden.

Die Felsbrocken des Erfolgs so lange schleifen,
bis sie durch das große Sieb der Erkenntnis fallen
und so weich werden wie Sand,
aus dem sich die Füße leicht befreien,
um springen zu können und tanzen.

Die Grenzen aufbrechen,
die vorgeben, das Leben abzustecken.
Dahinter die Unendlichkeit spüren.
In sie die Städte der Hoffnungen bauen
aus Steinen von Traum.

Elisabeth Wellendorf
**Man kann alles auch anders sehen**
Schicksalsgeschichten
3. Auflage. 144 Seiten. Gebunden

»Es ist ein atemberaubendes Buch, das man nur in kleinen Schritten lesen kann. Kostbare Miniaturen, die dem Seelenleben des Lesers einiges abverlangen. […] Warmherzig, absolut beteiligt und zugleich selbstlos wird aus der Blickrichtung der Betroffenen geschrieben.«
*Ute Hallaschka in »Info3«*


Elisabeth Wellendorf
**Es gibt keinen Weg, es sei denn,
Du gehst ihn**
Abenteuer des Werdens – Bedeutung
der Kreativität
264 Seiten. Gebunden

»Viele Situationen meines Lebens habe ich wiederentdeckt, in denen Not meine Kreativität besonders gefordert hat. Das habe ich beschrieben, weil es mich freut und weil es anderen Menschen vielleicht Mut macht.«
*Elisabeth Wellendorf*


# MAYER